刘哲作品

正义感

刘 哲———著

清华大学出版社
北京

版权所有，侵权必究。举报：010-62782989，beiqinquan@tup.tsinghua.edu.cn。

图书在版编目（CIP）数据

正义感 / 刘哲著 . —北京：清华大学出版社，2022.1
 （刘哲作品）
 ISBN 978-7-302-59775-9

 Ⅰ.①正… Ⅱ.①刘… Ⅲ.①司法－工作－研究－中国 Ⅳ.① D926

中国版本图书馆 CIP 数据核字 (2022) 第 000535 号

责任编辑：刘　晶
封面设计：徐　超
版式设计：方加青
责任校对：王凤芝
责任印制：沈　露

出版发行：清华大学出版社
　　　　　网　　　址：http://www.tup.com.cn，http://www.wqbook.com
　　　　　地　　　址：北京清华大学学研大厦 A 座　　　邮　　编：100084
　　　　　社 总 机：010-83470000　　　　　　　　邮　　购：010-62786544
　　　　　投稿与读者服务：010-62776969，c-service@tup.tsinghua.edu.cn
　　　　　质 量 反 馈：010-62772015，zhiliang@tup.tsinghua.edu.cn
印 刷 者：三河市铭诚印务有限公司
装 订 者：三河市启晨纸制品加工有限公司
经　　销：全国新华书店
开　　本：145mm×210mm　　　**印　　张**：8.5　　　**字　　数**：160 千字
版　　次：2022 年 3 月第 1 版　　　**印　　次**：2022 年 3 月第 1 次印刷
定　　价：69.00 元

产品编号：095672-01

我们对正义有什么感觉？

正义感是人们对正义的一种感觉。

那我们现在对正义有什么感觉呢？

我们心中的正义在现实中能够实现吗？对于现实中呈现出来的所谓的正义，我们认可吗？

从这个意义来说，正义感不仅仅是一种感觉，它也是一种非常具体的客观存在，它可以具化为一些有关的社会制度、法律体系、司法程序和伦理观念。这些因素，可以组合为生产正义的产业链。

从这个意义上讲，正义是一个产品。

它是通过社会规则体系而产生的一个个确定、具体的关于社会关系的结论，包括罪与非罪、罪刑轻重、有权无权、权利归属、平等待遇、程序安排，等等。

这些结论关乎每一个人的名誉清白、生命自由、财富归属，没有人会不在意。人们的这份在意就是对正义的一种感觉——人们渴望被公正地对待。

这些结论有时候和我们是利益攸关的，有的时候根本与我们没有直接关系，但是我们还是气不过，甚至想要打抱不平。因为它涉及我们的是非观，我们就是对这种不公正看不过去，我们会有一种代入感。别人的不平，我们会将其假设为自己的不平，进而心绪难平。这是因为人类结合成一个社会，是有一些基本的观念来维系的。

正义就是最基本的观念。

干得多的就会多分，干得少的就要少分，这样才能鼓励人多干活。每个人多干活，这个社会才能富裕，反之，这个社会就会贫穷和衰落。

打人的人要受罚，偷东西的人也要受罚，这里有一个基本的规则，这样才能避免弱肉强食，才能建立基本的秩序，才能避免以眼还眼、以牙还牙的自力救济。能够代替自力救济的，只有公力救济，而且必须是正义的公力救济。

如果不是打人的人受罚，而是被打的人受诬陷受罚；被偷的人被当作盗窃犯，而偷东西的人却成了"猴王"……先不要说这些受委屈的人感受如何，即使是旁观的人，他们会怎么想？

旁观者看到别人受冤枉，看到贪赃枉法的人可以继续嚣张，他们会怎么想？他们还会相信正义吗？受到扭曲的正义观会导致他们怎样的行为？

他们不会再相信法律这些明规则，而是选择相信厚黑学的潜规则。如果这样，那法律规定得再完善又有什么用呢？

就像很多法律人，其实他们骨子里还是迷信"关系"的，越到了关键时刻越是不相信法治，只相信人情。人情与法治的最大区别是前者是不透明的、不确定的、不公正的，它依附于情感上的亲疏远近，以利益决定取舍。它并不问公平正义，也没有公开透明，不讲程序正义，让人无法把握，无法公平竞争。

法治的最大意义就在于它塑造了公平竞争的社会机制，让所有人在一个规则体系下、一个程序框架下，依据实力进行打拼。如果你想插队，按照规则是不可能的，即使你可以通过"找人"打破这个规则，但你的打破一定是以别人的利益受损为代价的。如果对你的行为不加以阻止，那就会有更多人来效仿。这就是一种"破窗效应"。

"破窗效应"首先动摇的就是正义感。那些公正的案例会强化人们的正义感，就像昆山反杀案，让很多人在受到侵害时敢于还手了。

那如果更多身边的案件还是唯结果论呢，还是机械执法呢？它们会让你怎么想？

昆山反杀案只是个例，很大程度上是舆情影响的结果，没有舆情还是很有可能回归常态——身边的故事才是最真切的现实。

此时你对正义作何感想？别幼稚了……不仅是身边的"其

他人"，如果这些事就落在你家人身上，甚至就是你自己的身上呢？

比如，你办了一起案件，追诉一个漏罪，一审判决认可，二审给否定了，也就是这个追诉的事实被抹掉了。这还不是无罪，只是被抹掉了一起追诉过来的事实或者罪名。

这个时候就要定你有公诉责任，对你反复复查，反复约你谈话，甚至想让你退额。

你作何感想？

你的正义感会不会崩塌？

如果你的正义感受到冲击，甚至崩塌，你对社会规则的看法是不是就改变了？你的行为是不是也就随之改变了？

你变得不再"天真"，不再相信理想。你认为纯粹的正义简直就是童话故事。

你相信成人世界只有利益，没有正义。

当你不再相信正义，你还追求什么正义？你追求的只有利益，你会以为只有利益才是可靠的，有了利益就有了正义。

这种正义感根本就没有正义可言。因此，正义感也是一种风气。

敢不敢于见义勇为，敢不敢于救死扶伤，这不仅是道德观念，更体现了一系列的社会制度安排：是不是保护好人的制度安排，是不是不让老实人吃亏的制度安排。

当然，司法是其中最重要的制度安排。

因此，我曾多次将司法比喻为社会的元规则，也就是最基本的规则，司法的走向直接决定了社会的基本道德观念。

而司法官的观念又决定了司法的基本走向。决定司法官最核心的观念的，就是他们的正义感。也就是司法官自己还相不相信正义，相不相信正义可以实现。

正义可以不受领导干涉，正义可以不受无端猜疑，即使不会钻营也可以掌握正义的实现权；只要没有故意犯罪或者重大过失，司法行为就不受指摘。即使受到指摘也有如诉讼程序一样的申辩程序作为保障。

司法官能够拥有屏蔽负面影响和干扰的制度保障，能够拥有最为公开透明的遴选晋升通道，从而能够保障心思善良、执法公正的人手握正义的权柄，让他们永远能够保持赤子之心。

以赤子之心行正义之事，司法官才能找到正义的感觉。

只有司法官找到正义的感觉，社会才会有正义的希望。

相反，如果让司法官失去了对正义的希望，我们也就不会有任何希望可言。

2021 年岁末
于西直门

目　录

第一章 观感

正义的观感

　　有些案件存在上级很满意，但是公众不满意的情况。

　　明明落实了领导的意图，判处了很重的刑罚，公众想问的却是：为什么偏偏是他要受这么重的刑罚？同类的或者后果更重的为什么没有处以这样的刑罚？

　　我们回答不了。

　　这涉及正义的观感。

　　我们以为正义的观感是一事一议的，但是公众是有记忆的，他们会联想和对比。通过联想和对比，就构成了他的正义谱系，所有单个发生的案件都会在这张谱系上各安其位。如果有些案件明显与其他案件不协调，那他们首先就会质疑这个案件的处理结果。如果这种个案多了，他们甚至会修正自己的正义谱系。

　　这个正义谱系就是个体的一种正义观，这种正义观不尽是微观的判别，也有宏观的平衡。

　　因此，如果我们对特殊案件的特殊考量超越了法律的秩序，显得与以往的处理结果不够平衡，就会引起公众正义观的失序，大家就会感到很别扭。

究竟哪里别扭，也不是每个人都能表达出来的，但就是与他们日常积累的经验不吻合，与基于先例所形成的预判不一致，有些甚至与理性的法律规则相冲突。这样，自然就很难与公众的价值观相一致。

公众这种朴素的正义观，我们通常将它描述为常识常情常理。它不仅仅是经验法则，还包括基于经验所形成的逻辑法则。

所以它不完全是感性的，它也是理性的。

它甚至都不完全是实体的，它也是程序的。

有些司法者认为，对于这么恶性的案件，我这么快就判掉了杀掉了，怎么公众还不满意呢？

从同态复仇的角度，好像公众应该满意了。

但是现代司法远远不等于同态复仇，它不仅仅是报应功能，它还需要让公众看清楚。

这就需要程序的保障，需要公开透明，需要有条不紊——审判公开就成了一种基本需求。

也就是亲眼所见，亲耳所听才最能让人信服，这是新闻转述、图文直播远远代替不了的。

但是现场有时会因为"座位已满"等原因导致许多人被婉拒入场。于是，庭审直播一定程度上弥补了现场旁听人数受限的不足。

但越是敏感复杂的案件，对公开的需求越是强烈的案件，公众反而越是看不到，这就会给人造成很大的疑惑。

报道说"诉讼非常顺利"，是否真的顺利？嫌疑人真实的犯罪动因到底是什么？这个案件与之前的案件有什么样的差别以至于他的处刑更重？被告人是否有什么辩解？辩护人对外所宣称的逼供诱供、机械执法的情况是否真的存在？为什么司法机关从来也不回应这些猜测和质疑？如果不方便在庭外讲而只能在庭内讲，那是否应该让公众也听一听，也来评评理？

这些需求和呼声给一些司法机关带来很大的压力，本来想直播也不敢直播了。一听说一场直播引发舆情了，一大批庭审都不敢直播了。

虽然不直播了，但关注还在，猜疑还在。如果不以公开的方式回应关切，那所有的信息就只能从辩护人的一个窗口往外传递，这反而会进一步加深猜疑，进而损害司法的公信力。

因为归根结底，这不符合公众的正义观感。

正义观感的第一条就是：谁不敢公开，谁就是不自信，甚至是不诚实。因为这里可能有不可告人的秘密，否则为什么不敢大大方方地说？而这件案件根据法律的规定本应该公开审理，那你到底怕什么？

你怕的是真相吗？

但公众最需要的恰恰就是真相，真正的真相。

是那些琐碎、具体，会被新闻简报一笔带过的，却最让公众牵肠挂肚的"真实动机""真实背景""真实逻辑"以及"案件背后的故事"。

这些内容看似与案情没有那么紧密相关，却最真切地反映了社会和司法现实，也最有利于发现背后的体制机制漏洞，也最有利于完善社会的治理体系。

事实上，关心这些个案的公众当然也包括能够完善体制机制的决策层，能够改善执法司法环境的执行层，以及在各行各业承担一定岗位职能的一分子。

对一件案件来说，他们可能只是观众；但对社会来说，他们并不仅仅是看客，他们可以起而行之。

司法者对公众的过于提防不但回避了司法的真实问题，让公众对司法逐渐失去信心；也回避掉了司法所能够反映的社会问题，让社会失去了及时优化的机会。

所以，正义的观感，绝不仅仅是对司法的感觉，它也是基于司法所产生的整体感受，这个感受也会影响人们的人生观、世界观和价值观，进而影响他们以后的行为和判断。

所以，办案仅仅让上级满意是远远不够的；让公众满意，让人们从背后竖起大拇哥，才算真正实现了公平正义的目标。

人性司法观是检察工作的努力方向

张军检察长在第十五次全国检察工作会议上强调，要"以习近平法治思想引领司法检察理念深化、变革"，"检察办案绝不能只守住形式'不违法'底线，必须将天理、国法、人情融为一体，情同此心，努力让人民群众在每一个司法案件中真正、切实感受到公平正义"！

理念是行动的先导，很多时候办案的问题，根子都出在司法观念。办案是不是关乎别人的人生；法要不要向不法低头；迟到的正义是不是非正义；程序正义是否有独立价值；是否要反对司法的平庸主义；是否要追求司法的终极价值；是构罪即捕、凡捕必诉，还是敢用善用不起诉权；要不要构建"以非羁押为原则，羁押为例外"的刑事诉讼新格局……这些都是决定了我们会成为什么样的司法者，会办出什么样的案件的观念。它们将决定司法的面貌，进而为社会作出示范，也会实实在在影响千百万人的人生。

司法不仅是条文、制度，它也是通过司法者的精神塑造的形象，它们就是面子和里子的关系。我们在建构了那么多制度机制之后，现在回想起来，关键时刻发挥作用的还是司法观。法律是死的，人是活的啊。

我们追求良法，但又必须清楚法律的滞后性和局限性，然后以善治补之。

所谓善治，就是将情理法有机结合，以人性作为法治精神的检验阀，在严格的程序框架下追求实质正义，追求正义匹配的精准度和分寸感。这种追求某些时候可能牺牲一部分的效率，但从长远看，这种到位的执法观将提高司法结果的接受度，增强司法结果的稳定性，从而有利于树立司法权威。只有人性化的司法办案才能让人心服口服。

机械执法虽然表面上提高了司法效率，但由于功利主义的导向，必然埋下长久的隐患，增加社会的对立面，减损公众对司法的信任度，甚至滋生报复社会的情绪，使社会治理成本大幅度增加。司法者的信仰就是要有一颗永远柔软的内心，永远相信人性向善，永远相信人有改造好的可能，相信人总有不得已之处，愿意倾听离奇的理由。

机械套用法律的时候，司法者不仅是麻木，更重要的是不愿意走出法律思维的舒适区，这是缺少开放性的体现。不是我们丢失了情感，而是我们丧失了当初追求法治理想的激情。人性化的司法就是重拾这份激情，就是将人性融入对法律的理解当中，就是包容人类的不完美，就是深入常情常理的伦理基础，就是存一份了解之同情。

人性司法观不仅是我们自己的观念，也是社会对我们的一种期待，是我们对人民的一份责任，实际上是在将良法与善治相结合，满足新时期人民群众对司法工作的新诉求，它从需求侧的角度考量司法产品的设计理念和产品路线。

人性司法观体现为公众对法治的更高期待。公平正义的实现不仅是宏观意义上的，也是具体而微的；不再是粗线条的，而是精细化的。"体会到"的含义其实就是一种感受。这份感受首先需要认真对待，也就是要重视，要深入地了解案件的处理对当事人可能造成的影响，也就是"我们办的不是案子，而是别人的人生"。其次，感受需要设身处地体会才能了解。体会是双向的，只有你体会到他，他才能体会到你。只有当司法官设身处地为当事人着想、考虑的时候，当事人才能体会到司法的温度。最后，有些犯罪存在一定的社会原因，有时有某种不得已之处，尤其在社会转型发展时期，这种"不得已"更为集中，且容易引起共鸣。因此，当事人和公众希望司法机关对此有所理解和体谅，如果我们不顾这些社会问题，就很容易产生社会性的机械执法，给人一种不食人间烟火的冰冷感。

人性司法观对司法者也提出了更高的要求。包括同理心，对当事人要有一份了解之同情，这种同情不是感情泛滥，而是对犯罪特殊性的了解、对犯罪起因的深层理解，此外，还有对案件整体处理的综合把握。还有人性洞察力，也就是司法不仅在于逻辑而在于经验的本质含义。司法者能够综合自己的社会阅历、经验判断和法律逻辑，洞悉犯罪的真实动机。当然，还有伦理检验能力，就是通过常情常理常识去判断法律逻辑的实质合理性，也就是用善治弥补法律的缺陷，这对于成文法国家尤其重要。

这几年，检察机关通过激活正当防卫条款、降低审前羁押率、敢用善用不起诉权，通过认罪认罚祛戾气促和谐，通过"案—件比"全面提升案件质效，通过具体的案件和制度创新，逐渐形成了一种以人民利益为重、以人民的正义感受为念、以人民的法治期待为导向的人性司法观。它不仅是新时期检察工作的努力方向，也必将成为每一名检察官的努力方向。

应废除前科制度的"株连"效应

　　轻罪案件的高羁押率、高起诉率、高定罪率，不仅会导致犯罪人之间因短期自由刑所引发的交叉感染，以及因前科制度的污名化导致其择偶、就业等融入社会的困难，如果是公职人员，还会遭到"双开"的处理。

　　更为可怕的是，还会给其子女带来"株连"效应，导致子女入学、入伍、择业的困难。比如《高中毕业生家庭情况调查表》就要求填写近亲属受到刑事处分的情况，并将之作为高校招生、征兵、招工的重要依据。而相关单位也有配套性的制度安排。

　　这实际上就构成了一种制度上的障碍。

　　虽然危险驾驶罪很轻，有些甚至只判缓刑，实刑的话一两个月也就出来了。但是刑事处罚的这些影响只是表面的，真正的影响是前科制度给本人声誉及发展所造成的障碍，这种影响是潜在而巨大的。这些影响的公正性还可以进一步探讨。不管怎样，这毕竟是由其本人行为造成的，也属"咎由自取"。但是他的子女与之何干？

有些子女在其父母犯罪时甚至尚未出生，他们来到这个世界就要面对这些巨大的障碍，要承担并非本人造成的"责任"和"后果"，这确实是不公平的。

这实质上构成了一种"株连"效应，也就是代人受过，承担他人的责任。这些不能仅仅归咎于命运不济、生错了家庭，这也是制度上的重大问题，违背了罪责自负的刑法原则，也违背了法律面前人人平等的宪法原则。

罪责自负是现代法律制度的根基之一，任何人都只是对自己的行为承担刑事责任，对他人的行为不承担刑事责任。不能因为一个人的罪行连带惩罚其家庭成员和家族成员，这就是现代法律明确反对"株连"制度的原因。

因为它承认每个人都是独立的理性人，都要为自己的行为负责任，自然的也就不能为不是自己的行为负责任，尤其是刑事责任，否则也就无法履行注意义务，守法行为就会成为徒劳，这是极不公平的。不能在制度中因为出身、家庭而设置歧视性的规定，否则这些人就将永无出头之日，任何个人努力都变得毫无意义，也必然不利于社会的进步。

这种"株连"也违背了法律面前人人平等的原则——法律面前每个人都享有同等的权利，而接受高等教育和就业机会均等是公民最基本的权利，在同等资质的情况下应该获得同样的机会，不应因为家庭原因这些本人改变不了的因素受到影响。

而且以此作为评判依据也是不理性的，其父母的表现并不能作为其本人表现的判断依据，法律和社会必须尊重每个人独立的人格。

事实上，很多伟大的人物也都出身贫寒，但这并不等于其不能开创伟大的事业。进化论的最大启示就是进化是没有方向性的，并不能确定谁一定会获得成功，谁一定不能获得成功，更不能以此判断谁就一定存在问题。

尤其是现在随着危险驾驶罪的引入，盗窃罪标准的下调，袭警罪的到来，犯罪圈越来越大，轻罪占到了全部犯罪的80%以上。这些案件虽然随着认罪认罚制度的落实，刑罚可以适当宽缓，甚至羁押率也呈现下降的趋势，监禁刑的比率也在收窄，但是前科制度给本人造成的潜在影响，以及对其子女所带来的"株连"效应，因为影响并不直接，所以很少受到社会的关注，尚未发生根本性动摇。

这种"株连"，通过制度性的障碍，会导致这些年轻人看不到希望，也会人为制造不稳定因素。这不是一个小的问题，这是每年上百万犯罪人家庭及其子女的现实问题。这些犯罪中，绝大多数是轻罪，但这些案件每年都在以这样的量级进行累积。因此，有必要对此制度进行系统性检讨，对可能发生"株连"效应的制度逐一进行清理，直至彻底废除。

任何人都不应受到"先天性"的惩罚。

为什么要羁押？

其实，对绝大部分嫌疑人都不应当采取逮捕的强制措施。刑拘直诉更是缺少必要的法律依据。

之所以羁押，主要是取保候审不好用。

取保候审的不好用主要体现在两个方面。

1. 缺少日常有效的监管

人保的话，保人一般没有实质的责任，人跑了一般也不承担责任。

财保的话，担保金额太少，也不足以产生有效的制约。

所以给人的感觉，就是取保就意味着没事儿了，上哪儿去都没人管了。这是最大的问题。

取保候审需要保证随传随到，为什么上哪儿去都没人管呢？

这主要是因为取保候审的监管机制，需要耗费大量的人力成本和管理成本，忙不过来。忙不过来，就索性不管了。

以往只有证据不足的嫌疑人才会被取保候审，而这些嫌疑人违背取保候审的规定，离开居住地，喊他回来如果他不回来，也没有更好的办法。因为证据不足，是难以采取逮捕强制措施的，但是如果不到案，就无法进行有效的审查。

事实上，取保候审并非不能建立有效的监管机制。这与社会的诚信制度是一样的，它需要的是细密的规则体系，长期稳定的运行习惯，遵守规则的法律意识，这些都需要长期的培养。

我们做不到，是因为这些制度的成本过高，运行所需的时间过于漫长。

所以，比较来看，还是逮捕好用。如果绝大部分都逮捕，那么取保候审的缺陷就影响不大，也就是无需给予弥补了。

所以，我们并不是真的因为嫌疑人严重到不抓起来就不行才决定逮捕，只是觉得抓起来方便一点，因为放了就完全失控。我们没有基于放的有效监管模式。

因为我们的强制措施体现得不完备，才显得严厉。

为什么有的家长教育子女动辄诉诸暴力？不是因为暴力真的有用，而是因为其他的教育方法太复杂了，太费事了。

2. 取保要担责任

取保不仅仅有可能让嫌疑人不能及时归案，延宕诉讼的顺利进行，而且有可能造成嫌疑人在取保期间的再次犯罪，而这个再次犯罪就会归责于决定"放人"的司法官。好像这个再次犯罪就是因为司法官批准取保造成的。

这种归责方式本身就是在鼓励羁押。

理论上说，所有取保的人都有可能再次犯罪，而只要再次犯罪就要归责于司法官，那就使取保增加了一种额外的风险。同样是办案，为什么要给自己找麻烦呢？这就是司法官不愿意用取保的原因。

这种归责原则，有两个负面作用：一是造成司法官习惯于内部的机械执法。结果归责，只要出问题，不问青红皂白，就一定有责任。这是一种蛮横的内部处理机制。每个人在考虑是否作出取保候审决定的时候，都是基于表面的证据作出判断，或者说是一种预测，这种预测必然不可能是完全准确的，这是一个概率问题，并不一定有故意或者重大过失。二是取保候审仍然占少数，尤其是那些事实清楚，也就是构罪的案件，在逮捕不会犯错的情况下，司法官一般都会明哲保身。如果有人敢在这种情况下批准取保，大家往往不会认为你很勇敢、很人性化，而会本能地怀疑你"有问题"。如果这个人在取保的时候又出事了，那人们就更加怀疑你"有问题"。

很少有人因为采取逮捕强制措施之后，嫌疑人遭到虐待逼供，学到新的犯罪技能，沾染上更多的犯罪恶习，在刑满释放之后更加报复社会而遭到批评。这些与采取逮捕强制措施好像毫无关系。本来基于其所犯罪行和人身危险性，完全没有必要对其进行长期羁押，但对这些没有逮捕必要的人，如果放了，万一出了什么事，别人可就不这么说了。别人不会说，他情节轻微，人身危险性也不强；而会说这个人一看就是个坏人，出来就又犯罪了，当初为什么不抓他，你当初是怎么想的？

想到这个万一，你又会怎么办？

所以，降低审前羁押率的一个刚性前提，就是将取保候审的人置于严密的监管控制之下，在其试图脱逃、再犯的情况下，能够有及时的预警机制，可以将其及时抓捕到案。在这种情况下，似乎就可以降低一些取保的"负罪感"。即使在取保的情况下跑了，或者再犯了，也不能轻易责备司法官放纵犯罪。因为虽然是取保，但是已经有很强的监管手段了。

因此，在这种情况下，取保不再是把人放了，没事了的意思。而是让取保候审真的看起来像一种强制措施，让这种强制措施有更多强制的味道。基于这种严密性的监管，嫌疑人自知无处可逃，随时可能被抓，也就不会再铤而走险了，这样脱逃率和再犯率都会进一步下降。

而这些失控情况的下降，又会给取保更多的信心，从而使不羁押成为一种常态。也就是取保不再是个别司法官的意外之举，而是绝大部分司法官的日常判断。在适用率普及之后，对取保的非议和猜忌才会减少，动辄因为取保而归责的氛围和习惯才会发生改变。

在普遍不文明的情况下，文明有时候就成了对群体的冒犯。

所以，取保原来之所以会被人排斥，就是因为它是对司法者集体的冒犯。

为什么说绝大部分犯罪都没有羁押的必要？因为绝大部分犯罪都不是那种处心积虑、蓄谋已久的犯罪，绝大部分犯罪都是过失的、偶然的、一时冲动的。也就是虽然有一次犯罪，但并不意味着他即刻、马上就会引发新的犯罪，那种极为暴力的犯罪和人格还是极少的，这也为目前的犯罪结构所证实。

而且，80%以上的犯罪都是轻罪，很多都是可以考虑适用缓刑、管制、单处罚金的犯罪，还有相当比例的犯罪甚至都没有必要处以刑罚。这个时候采取强制措施到底有多大的意义？除了办案方便以外，对犯罪预防并无太大的意义，而且过多的羁押和短期自由刑，会导致犯罪人通过短期监禁而受到犯罪经验的交叉感染。

此外，羁押还将导致嫌疑人与社会关系脱节，给其社会关系造成毁灭性影响，严重影响其复归社会，重新开启生活。

高羁押率是司法体系不完善的体现，是社会治理能力不足的体现，也是司法机关内部管理相对机械僵化的产物。高羁押率并非出于公正，也并非打击犯罪的必需，对维护社会秩序并无助益，反倒可能通过破坏社会关系的方式埋下一些犯罪隐患。

高羁押率绝非良性的司法指标，而是图一时方便的饮鸩止渴，反而阻碍了司法文明的提升。

对此，我们应该有清醒的认识。

为什么有人会让家人酒后挪车？

丈夫喝酒了开不了车，就让妻子开车。但是妻子驾驶技术不好，停车停得比较紧，生怕把别的车剐了，就喊老公把车先挪出来。

但是大家知道，现在即使是酒后挪车，也是酒驾啊，血液里酒精含量如果达到 80mg/100ml，那就是醉驾，是犯罪啊。尤其是他俩又都是法律职业者，是最知道的。

你说这位妻子是想害自己老公吗？她是在教唆酒驾吗？

先不考虑教唆酒驾构不构罪的事，你说她是怎么想的呢？

其实她的想法很简单，就是怕碰到别的车，怕发生纠纷，怕引起麻烦。而且她对自己的驾驶技术没有信心，即使是老公喝酒了，她也对老公的驾驶技术毫不怀疑。

也就是她认为清醒的自己也没有喝完酒之后的老公驾驶技术高，甚至她间接地承认了自己老公这个时候开车比自己更安全。因为她认为老公在驾驶的空间感、分寸感和稳定度方面都比自己好——即使是在酒后，甚至是醉酒后。

这很可能是一个事实，而不仅仅是主观推断，因为她对老公的驾驶技术太了解了。尤其是停车入位，在窄路中穿行的技术，这是需要长时间的经验积累的，也是一个熟能生巧的过程。

她知道酒驾是犯法，醉驾是犯罪，但这天晚上她并不想惹麻烦，而是想极力避免麻烦。虽然旁边没有人，她即使剐了别人的车也是一个非常微小的事故，连违法都算不上，而且其实也不会马上有人来追究。但即使这样，她也会感到良心不安，而想极力避免。

但是一个喝了酒的人开车，不管是否发生剐蹭，都会构成违法的行为，甚至是犯罪行为。这是比她原本希望避免的麻烦大得多的麻烦。

那她又是怎么想的呢？

一是她对老公的驾驶技术极度信赖，只要老公来挪车，车就会被顺利地挪出来，绝对不会发任何剐蹭事故。

二是既然不会发生剐蹭的事故，现场也没有人，就不会有人发现老公的酒驾。虽然酒驾和醉驾的问题很严重，但对酒驾的检查主要来自路检和发生事故的报警，现在是在一个没人的停车场，如果绝对没有人发现，也就没有什么风险。

三是酒驾的危险主要体现在路上行驶的判断，现在是在挪车而不是开车，无论对自己还是对他人都几乎绝对没有风险，因此也就不会有道义上和对自身安全的担心。

四是平时对老公的习惯性依赖，即使让老公冒了一些风险，但基于对风险的预估和判断就任性地以为没有事，只要没有上大路就没有事。

五是认为危险驾驶罪的设定、目前的司法方式比较死板和机械，适当违反一下没有什么了不起，并没有在实质上对公共安全造成任何风险，因此心中并不存在负罪感。这与杀人、盗窃、抢劫的反伦理性是不同的。而且她对立法原意的理解从本质上看未必是错的。

六是形式性入罪和机械执法即使打击面很宽，也并没有激发出人们发自内心的敬畏和信仰。人们只是想方设法地不被抓住，但并未认为触犯了这条法律就是可谴责的。甚至认为这种机械的规则还部分地束缚了人们的行动自由。比如让一位丈夫帮助妻子挪车的自由。

她并不会认为自己很自私，甚至反而认为是法律和司法存在问题。她认为这不是她的问题，在要求老公挪车的那一刻，她想挪开的不是车，而是法律机械适用对她的束缚，她想让这种束缚靠边儿站。

她觉得在无人看守、无人检查的一片场地中，她就是一位法官，她以妻子的身份判决丈夫醉酒挪车的行为无罪。

只可惜这个场地太小，必须以黑暗为掩护，才能使他们获得行动的自由。

这个场地一旦扩大，问题的性质就会发生变化。就连这位妻子也会不放心，所以她的请求只是把车挪出来，而不是开车上路。所以她并不是在害自己的老公，她用经验、常识，甚至理性来为危险驾驶划定了一些边界，挪车与上路是两个完全不同的概念。

因为活动范围和速度不同，这也是影响交通安全的两个重要因素。

比如挪车，也就是在静止的车与车之间挪动车辆，为的是泊车或者为上路行驶做好准备。由于这种限制性的约束，在静止的车辆、墙壁、树木之间，构成挪车的物理性边界，活动的范围极度受限，速度也很低。所能产生的伤害顶多是其他车辆的外壳，对人身安全很难构成威胁，当然这也并不是绝对的。如果在有其他清醒人的照看、监督之下挪车，对人身安全的威胁就会趋近于零。

事实上，即使从财产安全的角度，妻子也认为丈夫驾车的风险更低。因此，所谓交通安全，酒精只是一个影响因素，驾驶技术也是相当大的因素。只不过因为驾驶技术不高本身不违法，我们就常常忽视了。

但是妻子作为当事人，她没有忽视，她提出请求的时候，其实也进行了一番权衡：丈夫挪车可以降低剐蹭的概率，自己开车会增加剐蹭的概率，那这个醉驾挪车到底是增加风险还是降低风险呢？

也就是所谓的风险，是一个形式判断，还是一个实质判断？

当然很多人也会说，这并不是一个人的判断，虽然你相信自己老公，但是我们不相信。为了保证绝对的安全，就是要坚持形式标准，这叫严格执法，不以恶小而为之。

但是这里有两个问题。

一是我们的不相信，我们的坚持，是以不了解具体情况为前提的：不了解当事人的驾驶技术，不了解当时确实没有人的客观情况。这种不了解其实是一种不问青红皂白的机械执法态度，是以一般代替具体、粗线条、"一刀切"的傲慢态度，体现了一种永为执法者的优越感。

二是放大宏观的风险来夸大具体的风险，因为醉驾危险，会导致人身伤亡。而你醉驾了，你就构成了这个宏观危险的一部分，所以你也是危险的，是不可饶恕的，与其他的醉驾没有分别。同样的醉驾，在酒精含量上是没有分别的，但是在具体行为与交通安全之间的具体联系上，却是有分别的。只是我们往往把这些分别当作细枝末节而不予考虑。

一位妻子对丈夫提出酒后挪车的请求，看似荒诞，却包含了很多人不愿承认的合理性，并揭示了我们不愿正视的真相。

那些看似合理的逻辑，那些看似不容辩驳的"真理"，才是最荒诞的。

危险驾驶与伪证

一个人与领导喝酒，醉驾被查，对于醉驾的事实完全承认，但是在被问到和谁喝酒时没说实话，而且还找了几个朋友作伪证，打配合，以掩盖与领导喝酒的事实。最后这个虚假证言败露了，才说实话。

这是伪证吗？

这显然是伪证行为，但要说是否构成伪证罪，很多人就含糊了。

伪证罪是指在刑事诉讼中，证人、鉴定人、记录人和翻译人对与案件有重要关系的情节，故意作虚假证明、鉴定、记录、翻译，意图陷害他人或者隐匿罪证的行为。

有人会说，这虽然是虚假证明，但隐匿的好像不是罪证吧？因为，与谁喝酒并不是危险驾驶罪构成要件的事实，顶多算是隐私。

是与朋友喝酒，还是为了巴结领导喝酒，引起的司法官的同情分量一样吗？它真的对定罪量刑没有影响吗？你这几个兄弟帮你塑造的这么好的氛围，再加上认罪认罚的态度，帮你塑造出真诚、正直的形象，几乎都可能做不起诉了，这个事实没有意义吗？而如果知道你是和领导喝酒，不但做不了不起诉，还有可能要深挖线索了。这个能没有差别吗？

而且让人好奇的是，什么样的关系、场合，值得找这么多人通过作伪证来掩盖？什么样的行为值得付出这么大的成本来掩盖？

所以，伪证罪所掩盖的罪行是否也应该包括量刑事实？

即使勉强地将喝酒的行为当作量刑事实，伪证罪也是非常难定的。因为一般还要有严重后果，虽然刑法并没有规定严重后果，但是立案的标准一般要求有严重后果。这也是伪证罪难定的原因。这些严重后果包括伪证行为足以使他人受到刑事处罚或者轻罪重判的；伪证行为足以使犯罪分子逃避刑事处罚或者重罪轻判的；伪证行为造成冤、假、错案的，以及与之相当的严重后果。

这是伪证罪的入罪标准。

为什么危险驾驶罪没有要求这么多的严重后果，血液中酒精含量达到 80mg/100ml 就能入罪，并且在数量上成为第一大罪？但是同样经常发生的伪证行为就很少入罪，而且很难入罪？难道伪证是一个特别值得宽宥的行为，没有危险驾驶那么危险？

那是因为我们经常只看到了物理层面的危险，没有看到精神层面和制度层面的危险。

作伪证可不是一不留神就能犯的错误，它需要深思熟虑，需要巧舌如簧，需要脸不变色心不跳。面对严肃的司法行为能够觉得无所谓，完全无视司法的权威和法律的底线，这也体现了其个人品质的底线。所以在很多国家，伪证罪是严重犯罪。

法律将危险驾驶罪的入罪门槛降得这么低，犯罪圈划得这么大，是因为我们对交通安全的担忧和愤懑无处发泄，一股脑地都倾泻到这个罪名身上。将所有那些车毁人亡的悲剧责任都归咎于醉驾身上，也不去区分是否酿成严重事故，是否高速驾驶，是否长距离驾驶，是否大范围移动，是否只是挪车而已。

用刑罚"一刀切"的方式来斩断酒精对交通安全的威胁，这种不加区分的处理，反而削弱了刑罚的针对性，降低了刑罚的威慑力，让人失去了对规则的敬畏。

事实上，危险驾驶罪目前的入罪模式只是风险社会中焦虑和恐惧的发泄口，是一种非理性的社会治理模式，自然难有理想的结果。

与对危险驾驶的普遍定罪相比，伪证极少被定罪，其问题的根源在于我们没有真正严肃地尊重司法和规则。

我们不觉得说谎有什么大不了的。被告人作了伪证，我们会说他那叫供述不叫作证，被告人如实供述不具有期待可能性。所以嫌疑人、被告人的伪证行为几乎被豁免了。

凭什么？他们面对的难道不是同样严肃的诉讼程序和庄严

的法庭吗？他们挑战的不同样是神圣的司法权威吗？

就算他们可以钻"供述"与"证言"的空子。但是文章开头中所提的那些证人呢？他们的证人身份毋庸置疑，他们的伪证已被证明，但是为什么还是要加上一个情节严重，酿成冤假错案的后果要求？

危险驾驶不是只要求酒精含量就行了吗？它只要有一个概括性的风险就可以了，有些根本没有具体风险的，也都定了罪。为什么伪证不行？

伪证不仅对司法公信、司法秩序、法律权威带来了抽象的危险，对每一个具体案件也带来了具体的风险。这种风险虽然看似不严重，但是它会破坏社会的基本规则和信用体系。

在法庭上都敢撒谎，我们对他遵守社会规则还有什么期待？司法案件都可能因为他们的谎言而造假，司法的公信力还怎么树立？如果欺骗司法机关的行为都得不到追究，都无所谓，都一定要等到发生严重后果，那岂不是变相地鼓励其他人作伪证？

难怪虚假诉讼多了起来，老赖也多了起来。

因为骗了刑事法官都没咋地，还有谁是他们不敢骗的？还有什么规则和秩序可以放在眼里？而我们拼命抬高伪证罪的入罪门槛，又将法律尊严置于何地？

如果说对司法的尊重程度体现了一个社会的文明程度，那么在刑事诉讼中对伪证罪的恐惧程度就体现了司法的严肃程度。

从根源来看，出现这种现象还是因为大家的规则意识不够强，对抽象的正义、诚信、司法权威还没有太多的概念，对它们的破坏所产生的后果我们没有太多直接的感受。

我们的正义感更多的还是停留在物质层面、现实层面、与自己直接关联的层面，对那些精神领域、制度领域、规则领域，与自己关系没有那么切近的，我们的感受就没有那么强烈。

从马斯洛的需求层次理论来说，主要是我们的需求层次还不够高，所以我们的精神需求还不够强烈，随之而来对精神领域的正义诉求也不够强烈。

但事情正在发生变化：我们对一些公然违反规则，一些违背基本伦理观念的司法判断，逐渐积累成越来越强的正义感受。从正当防卫到上诉不加刑，我们在为规则呐喊，在为他人的际遇而忧心忡忡。

我们对破坏规则，尤其是对破坏司法这种基本规则的行为越来越不能忍受。

不仅仅是破坏交通安全这种行为，那些伪证、欺骗、谎言也越来越让我们不齿，甚至谴责，这就是正义感的变迁。

这种正义感的变迁将影响入罪标准的变化和犯罪圈的此消彼长，将影响未来司法的面貌，也在塑造着社会的精神面貌。

什么时候危险驾驶不再是 80mg/100ml 就能入罪，什么时候伪证罪能被频频提出指控，我们的司法文明就能往前再迈一步。

"顶包"问题及其治理

随着犯罪结构的轻罪化和认罪认罚的普遍推开，冤错案件的发展趋势也在发生变化。有可能从原来的"屈打成招""有罪推定"的模式，向"冒名顶替""愿打愿挨"的方向发展。也就是"顶包"有可能越来越成为不容忽视的问题和隐患。

这主要有两个方面的原因。

一是重大恶性案件的占比在下降，司法文明程度也在提升，刑讯逼供的内在动力在下降。

即使嫌疑人、被告人不认罪，也可以得到比较充分的权利保障，再加上辩护力量的提升，司法公开的加强，以及媒体的监督，总体上形成了一种相对强有力的保护机制。正因此，近年来所纠正的冤错案件也主要是早些年的案件，近期发生的重大冤案较少。

这是一个相对光明的现实，虽然头顶上也有两朵乌云：一个是"隔代纠正"问题，也就是现在的冤案由于既得利益人员在位，短期内无法纠正，只有等到他们集体退下来才能纠正。这个现象依然是存在的，所以虽然冤案现在没有暴露出来，但并不等于没有，真实的情况恐怕要下一代人才能看清楚。另一个是"专项活动"衍生问题，短期内的高压态势，也还是有可能造成一些凑数案件的，这种规律已经一再被事实所证明，时至今日，这种现象也仍然存在。

即使有两朵乌云的存在，但是我对趋势还是比较乐观的，毕竟重罪案件比例的下降是实实在在的，这种"重案必破"的日常性压力也还是下降的，辩护权强化、司法公开以及庭审实质化程度还是不断提升的。就不捕不诉来说，近年来持续大幅度提升，审前过滤在切实发挥着作用，而且法不向不法低头的理念更加深入人心，审前羁押率大幅度下降，敢用善用不起诉权的趋势是明显的。这些都对传统的冤假错案模式有着巨大的阻遏作用。

二是轻罪比例大幅度上升，也就是"顶包"的成本在下降。

危险驾驶等轻罪，实刑也就几个月，缓刑的话，就不用"进去"了。对于一些缺少法律概念的人，就好像没什么事儿似的，就会觉得"帮忙顶一下"也没什么，自己付出的好像并不多。这不像重罪命案，有可能要付出生命的代价，最少也是长期的自由，这个成本就太大了。在这么大的成本面前，即使是骨肉至亲也不太可能帮助"顶包"。这个成本的差异就是"顶包"

在重罪领域较少发生的原因——虽然不能说绝对没有，在轻罪领域的增加也并不是什么特别怪异的现象，这无非就是一个"法律经济学"问题。

在这个"法律经济学"中有两端：需求方和供给方。需求方就是自己犯了罪，但又不想承担责任，这种人的人品有很大问题。但这里也有一些值得思考的真实逻辑，比如刑罚的额外代价，也就是除了刑罚本身，被告人还要额外付出其他更大的代价，这些代价让被告人难以承受，比如不管是什么轻微罪行，只要定罪处刑，公职人员就会被"双开"，国有企事业人员就会被免职，即使是私营企业工作人员也会受到很严重的处理，很有可能丢掉工作。对法律工作者而言，也很可能无法继续执业了。这就让很多有正式工作的人感到无法接受。也许他们就是家里的顶梁柱，一旦他们倒下了，对整个家庭也会造成毁灭性的影响，所以从家庭整体利益上来看，有时候家庭成员就会去"顶包"。很多时候是妻子为丈夫顶，父母为子女顶——为子女顶往往也是一种"溺爱"的变形，就是想不择手段地呵护住成年子女尚未展开的人生。

这就又说到供给端。这些基于亲情的"顶包"是无偿的，甚至是主动的。因为很多犯罪人也张不开嘴让家人"顶包"，倒是家人会主动站出来，以体现"真爱""真感情"。这时，司法的公正，对他们来说只是一种"外部性"，是可以牺牲和抛弃的。他们觉得我们家里有一个人出来受罚就行了呗，管他是谁呢！除了这些无偿的"顶包"之外，也存在有偿的"顶包"。比如下属，朋友等，这些"顶包人"往往与"被顶包人"有些人身依附关系，因为"顶包"往往不是一锤子买卖。这是在"代人受过"，是希望在一次性金钱回报之外，得到长期的利益关照，或者是利益交换。因为这里除了利益，一定也有感情，他们需要极强的信任关系，需要共同面对司法机关，达成"攻守同盟"。这其实是在共同干一件坏事，这一点他们心里都很清楚。

　　"顶包"成本的下降是其增多的一个原因。另一个原因是，轻罪案件的快速处理，比如速裁程序不进行实质审理等程序简化。程序简化，处理速度加快，就容易使"顶包"蒙混过关。因为嫌疑人、被告人都已经认罪了，有些说得还比较具体，证据也不复杂，辩护人也是有罪辩护，没有任何人对这个案件提出质疑，司法人员又如何对这些案件产生怀疑？是不是只有对所有案件都按照普通程序慢慢审理，才能够避免"顶包"现象的发生？但如果在大量的轻罪案件上耗费司法资源，在司法资源总量没有增加的情况下，那就必然挤压重大复杂案件的诉讼资源，从而导致重罪冤错案件的增多，这就又回到老路上去了。

　　而且，即使在速裁程序和认罪认罚之前，这些轻罪案件也是按照简易程序进行审理，其程序也是大幅度简化的，没有多少人会在这些简单、没有任何分歧的案件上投入过多的精力。

所以不管怎样，这些案件的办理程序都不能，也不应该与复杂案件相比。

甚至在一些情况下，只要有"顶包"，几乎就是无法推翻的。比如两个男性都喝酒了，看到前面"路检"，两人交换了正副驾驶的座位。在这两个人都不说的情况下，又有什么证据能够证明"顶包"了？这时，不管怎么进行实质审查，包括庭审实质化，可能都无法审查出来，甚至辩护人都会深信不疑。而且也确实提不出怀疑的理由，无论是开车的经历，喝酒的经历，可能都是共同的。除非"顶包人"后悔了，不想"顶包"了，否则很难发现。当然，这种情况比较极端，很多情况下，还是有可能留下蛛丝马迹，可以发现一些问题的，所以实践中也确实发现了一些情况。但是我敢说，肯定还有很多这样的行为根本没有被发现，甚至"顶包人"和"被顶包人"至今仍守口如瓶，也根本就无从发现。

当然，我们要承认这种没有被发现的"顶包"，也是一种冤错案件。我们也必须要承认这种冤错案件，与刑讯逼供所造成的屈打成招，被告人百般辩解司法机关不闻不问所造成冤错案件并不完全一样。在这样的案件中，要求司法官承担的发现责任也不应该完全相同，不能苛求司法官必须发现所有的"顶包"案件，对"顶包人"和"被顶包人"联手制造的冤案负责，是一种苛责，也同样是一种简单的结果归责和机械执法。

这个责任应该取决于"顶包"的"完美"程度，因此有必要进行区分，只有重大过失和故意才应该承担责任，否则即使没有发现"顶包"也不应当承担责任。

相反，"顶包人"和"被顶包人"蓄意、公然挑战司法权威，破坏司法公信，应当承担必要的责任，付出必要的代价。目前，"顶包"案件一旦案发，往往是对真凶追责就完了。因为"顶包人"已经被羁押、追诉，甚至履行了部分刑罚，办案人员就对其抱有同情，不愿意追究其包庇的刑事责任。

对"被顶包人"，也就是真凶，对他的惩罚也就是绳之以法，让其承担之前逃避的刑事责任就完了。至于其教唆他人包庇自己，共同制造"顶包"冤案的责任则很少考虑。有一种观点，认为被告人说假话不用承担刑事责任，只是不如实供述而已，要求其如实供述不具有期待可能性。这种观点本身就值得商榷。

现在不是其到案之后说假话的问题，而是与他人联手制造了一起实实在在的冤案，让不应当受追究的人受到追究，让他人为自己受过，而且这种"顶包"的行为极大地破坏了司法的公正性。虽然这不是司法机关故意制造的冤案，而是被蒙蔽形成的冤案，但在社会公众看来，这些都是冤案，对司法的公信力同样都是有损害的。而且面对如此严肃的司法程序，串通欺骗司法机关，这是对司法权威的公然藐视，是对司法秩序的巨大破坏，严重破坏了司法公正的重要法益，具有社会危害性，应该按照犯罪行为予以单独评价。

这不是原来罪行的事后不可罚行为，也不属于牵连犯，这是在犯罪实施后，又实施的另一起罪行，应该与原罪行一起进行数罪并罚。其教唆他人包庇自己，按理说也是包庇罪的教唆犯。但是包庇罪的罪状表述中暗藏着一种包庇他人的意味，让他人包庇自己，也就是自己包庇自己，似有不妥。所以，为了宣示"顶包"行为的犯罪性质，发挥犯罪预防作用，严肃司法程序，守护司法公正，同样也应提高"顶包"成本，甚至有必要单独设立一个罪名，可以叫"让他人顶替罪行罪"。

综上所述，对于"顶包"行为的规制，笔者提出五点建议：

1. 设立"让他人顶替罪行罪"。主动让他人顶替自己承担刑事责任，或者明知他人为自己顶替刑事责任而予以配合的，处 3 年以下有期徒刑或拘役；情节严重的，处 3 年以上 10 年以下有期徒刑。犯前款罪，与所顶替的罪行数罪并罚，一般不适用缓刑。建议将此罪名作为《刑法修正案（十二）》的内容，供立法机关参考。

2. 应当依法追究"顶包人"包庇罪的刑事责任，不能仅因被羁押和服刑就免除包庇罪的刑事责任。在追究包庇罪责任时，被羁押和服刑是"顶包"行为所必然付出的犯罪成本，不是包庇罪本身的强制措施，因此不应在包庇罪中予以折抵刑期。

3. 减少轻罪罪行带来的外部影响。对过失类犯罪，抽象危险类犯罪，民事纠纷等犯罪，以及判处缓刑、管制、单处罚金、免刑等非监禁刑的，不宜一律给予开除公职等极端处分，应当有所区分。针对不同犯罪行为和不同刑罚处罚，在配套处分上应该建立一定的比例性原则，避免"一棒子打死"，避免形成"轻罪重罚"的怪现象，迫使其铤而走险。

4. 强化预防"顶包"的程序保障。建议在侦查、批捕、起诉、审判等各诉讼环节的权利告知书以及具结书中，增加"顶包"行为将导致"顶包人"和"被顶包人"双方均要承担刑事责任，"顶包人"已经执行的羁押和刑期，将不在包庇罪中折抵等警示内容。在各阶段第一次讯问时，在签署认罪认罚具结书的过程中，在庭审过程中，应该确认嫌疑人、被告人是否为"顶包人"，并向其阐述"顶包"的严重后果，形成"顶包"的多次提醒确认程序，晓以利害。

5. 建立合理的"顶包"审查责任。严格依据上述"顶包"确认程序，已经确认过"顶包"问题的，除有重大过失或故意，即使在事后发现"顶包"的，司法官也不承担司法责任。但能够及时发现"顶包"问题，维护司法公正的，应当给予充分的内部激励。

总体来看，我国的各罪体系仍然将实然的身体损伤、财产损失、对公共安全和国家安全的现实风险等法益作为保护对象，也就是对具象权利保护得多，对抽象权利保护得少，后者如社会公信、司法权威，等等。

可喜的是，对抽象权利的保护在增强，比如烈士的名誉、警务人员的人身安全，典型的是最近设立的袭警罪。袭警罪不仅仅是打击暴力本身，关键是要保护暴力本身所挑战的对象的权威性，树立执法权不容挑战和侵犯的权威感。而这些其实是抽象的概念，不是追究具体的身体损伤和对公务活动的妨害的结果责任。

社会越是发展，文明程度越是提高，这些抽象的公信、权威就越是重要。社会越是发达，我们就越是发现，人与人的交往不只是靠肢体接触来进行的，这种社会交往更要靠信念、概念和抽象的规则来保障。对这些抽象概念的确认、明确和强化，有助于法律的自我执行，规则的自我遵守，社会的自我运行。

就比如司法权威，如果我们相信它，就会尽量遵守法律而不是违反法律。因为我们知道有罪必究，如果有人侵犯你，你可以完全信赖司法机关：不仅是警察严格的执法，还有后续公正的追诉和审判。而如果你发现这些司法行为是可以被蒙骗的，也不一定是公正的时候，你还会相信司法吗？你在有事的时候还会去求助法律以维护公正吗？

如果犯罪也可以不被追究，也能够花钱买平安，那谁还愿意严格遵守法律、坚定地信仰法律？这反而会让一些人迷信金钱的力量，不择手段地追求能够让人"顶包"的权力和财富。守法就会成为被嘲弄的对象，"顶包"甚至会成为一条灰色的产业链。司法是社会的元规则，如果司法都不被信任，那还如何指望别人信任其他的规则？

因此，"顶包"这种违背诚信、藐视司法权威、破坏司法规则的行为，必须作为严重罪行从严惩处。而我们的刑法体系也应该以此为契机，逐渐强化对抽象权利的保护，建构更加符合现代社会文明形态、更加有利于社会治理现代化的刑法体系。

危险驾驶不敢轻缓化处理的原因到底是什么？

有些地区对于危险驾驶案件普遍不羁押，进而缓刑率也很高，不起诉率甚至达到了 50% 左右。而有些地区则采取高羁押率、高起诉率的策略，绝大部分都是羁押并且实刑。

两者差异竟有天壤之别，这背后的原因是什么？一方面是我之前提到过的保守主义的司法理念，治安化的刑事政策，重刑主义的打击立场。另一方面可能还是有体制、机制等更为深层的原因。

这篇文章就想重点探讨一下这个问题。

现实中，保守主义的立场往往还存在于规模比较大的城市，从表面上看，这好像违背常理。因为这些城市往往是得风气之先的，往往是引领潮流的。但为什么降低羁押率在已经成为社会普遍共识的情况下，这些大城市反而要冒天下之大不韪，逆潮流而动呢？

这并不是因为这些大城市里没有人了解这些先进的司法理

念，而是因为有一种力量驱使我们选择放弃。

我们要知道的是，越是大的城市，所聚集的权力和财富就越大，而拥有权力和财富的人是最容易钻法律空子的，是最有能力去"找人"的。在大城市，如果放开危险驾驶而采取不羁押和不起诉的话，往往首先"受益"的是他们。考虑到现实惯性，不能从起诉率的 95% 立即逆转为不起诉率的 95%；不羁押也是一个道理，都有一个逐渐轻缓的过程。

但是首先选择谁做不羁押，谁做不起诉，标准往往是模糊的。即使有具体的数量标准，情节的标准也仍然是需要人来裁量的，这就给有权势的犯罪人以可乘之机。如果都是机关的、大单位的、有来头的做了不羁押不起诉，时间长了，司法公信力必然受损。

当然有人会说，你完全可以一碗水端平，完全不徇私情啊，该谁就是谁啊。但是即使杜绝"私情"，也很难杜绝以单位的名义打招呼这种"公情"。即使这些都可以杜绝，也无法阻拦对方聘请最好的律师为自己作最优质的辩护，合理合法地维护自己的权益。

只要有权力和财富上的不平等，就会衍生出种种其他的不平等。

即使不是故意为这些人做轻缓化处理，但只要把闸门放开，轻缓化处理的人数必然会增加；即使维持在一个合理的比例，但只要绝对值增加，就会受到公众的关注，通过报道、传播而放大。因为这些人所能够聚焦的注意力原本也很大。

虽然这些人在数量上不占多数，但是曝光度可能远远超越其他人，所以给别人的观感，可能还是"轻缓化处理其实是为特权开脱"。

众口铄金，积毁销骨，人言可畏。

这就导致一些大城市索性选择了"一刀切"的一律羁押、一律起诉、一律实刑的政策，以防悠悠之口。

你可以说这是一种保守主义，是一种懒政，但这的确也有一层自我保护的味道。因为我不想给权势者开脱，所以干脆连应该轻缓的也算了吧，因为不好区分，干脆一个口子也别开了。因为只要口子一开，就封不住了。谁都想做不羁押，谁都想做不起诉，不给谁做谁都不高兴，那就谁的账都不买，这样成本是最小的。

而且羁押起诉虽然背离法治发展方向，甚至会影响当事人及其家人的一生，甚至还会因为入学就业"父母前科申报"制度而带来"株连"效应，从长远看影响是非常负面的。但这些负面的影响，无人追究，无人问责，无人考核，无人在意。

因此，违背法治发展方向的成本近乎为零，但是坚持保守主义立场所带来的职业安全收益却是实实在在的。

更重要的是，从开口到逐步扩大的过程，容易造成适用的不平等，从而影响法律的公平适用，这是具体而现实的危险。

也就是在特大城市采取渐进化改良路径，因为会使权势者钻空子，造成法律的不平等适用，会导致公众的不满。这对司法公信力的伤害是实实在在的，这也是不容回避的现实问题。

如果起诉率从 95% 降到 90%，这 5% 里会有谁呢？羁押率从 90% 降到 80%，那这 10% 的取保会留给谁呢？

如果宽缓的口子开得太小，那就会产生机会挤兑效应，往往是更加具有影响力的人更容易获得资源。因为大城市里有影响力的人更加密集，这种密集度和挤兑效应会对司法公正产生足够大的压力，甚至会消解司法公正。这也是司法机关一直不敢放开轻缓化处理的原因。

除非起诉率一下子从 95% 降到 50% 以下，羁押率从 90% 降到 10% 以下，将轻缓的闸门开得足够大，才会冲淡挤兑效应。当很多人都可以获得轻缓化的机会，当不羁押、不起诉、缓刑不再是特例、少数，而是常态的时候，才会减少公众对法律适用不平等的担心。

这种剧烈的转变没有极大的法治战略决心是不行的。必须将轻缓化标准设定、取保候审的电子辅助监控机制（非羁码和电子手铐）、司法机关行政考核设计、行政处罚的有序衔接等系统化制度安排紧密结合，将司法轻缓化与法治文明程度和城市治理能力相挂钩。

除此之外，还有很重要的一点就是公众的正义感引导。重打击轻保护不仅是司法机关的落后思想，也是很多公众的传统观念。很多人将危险驾驶的重罚与道路交通安全相联系，认为醉驾虽然重罚也是咎由自取，是活该。虽然影响罪犯一生的发展，但是与挽救千百万公众的生命安全相比，不值一提。至于对其子女产生的不利影响，甚至是"株连"效应，则认为是社会管理模式的问题，而不是打击危险驾驶的问题。

这是将危险驾驶与交通肇事相混淆了，将抽象的危险与具体的实害相混淆了。影响交通安全的行为远远不止于酒驾一种，其他严重违反交通规则的行为，包括无证驾驶、超速行驶都具有相当的危害性，但都没有入刑。

目前，危险驾驶已经成长为第一大罪名，占到了全部刑事案件的30%，其数量之大十分惊人。但是由于羁押、实刑所造成的行为人与社会强制脱节，会破坏其稳固的社会关系，导致其事业中断、家庭破裂，将极大地影响其复归社会，更不要说短期自由刑所导致的交叉感染。

有罪判决所带来的前科会影响终身，也就是说各种父母前科的申报制度，还会延续影响到子女，这一"株连"制度本身就应该废除。但是由于这一制度更加树大根深，短时间内很难拔除。

从现实出发，对危险驾驶进行轻缓化处理，是最能管控其负面影响的捷径，而由于危险驾驶罪的巨大规模，对这一罪行政策的改变，会影响到整个刑事政策的全局。

考虑到这一点，咬牙对大城市危险驾驶处理政策做颠覆性的改变是值得的，而且也是唯一可行的推进路线。因为中心城市的优势在于它在政策推广上有巨大的示范效应，只有点燃中心城市的政策之火，才有可能让轻缓化处理的法治趋势真正拥有燎原之势。

危险驾驶增加的宏观原因和趋势

正义感会随着时代的发展而变迁，就像很多观念都会随着时代的发展而变迁一样，就比如婚姻观念。以前的观念是早婚早育，所谓早生贵子嘛。这是农业时代的产物，现在流行晚婚晚育，甚至还有人不婚不育，导致催婚成为一种社会现象。

还比如重刑主义的悄然转型。原来的观点是有了犯罪就要从严从重打击，打击提得多，保护提得少，刑罚谦抑提得更少，很少有不逮捕、不起诉、判缓刑的。但现在大家却在关注刑罚的必要性，不批捕、不起诉比例逐年提高，刑罚逐渐轻缓化。很多地区还对轻罪出台了不起诉的标准，有些地区的审前羁押率已经降至 50% 以下，不起诉也占到 1/5。这在以往是不敢想象的，公众也很难接受。

这主要是由于犯罪结构在发生变化：20 年来重罪比例持续下降，目前轻罪已经占到 80% 以上。这样一来，刑罚轻缓化就是非常自然的趋势了。

那犯罪结构为什么会有这样的变化呢？这也是社会发展进步的产物。新中国成立以来，尤其是改革开放以来，城市建设、社会保障、基础教育、医疗卫生不断发展，就业也得到了越来越充分的保障，人们的发展机会变多了，幸福感增强了，严重破坏社会秩序的温床减少了。同时随着信息化手段等社会治理能力增强，犯罪死角减少，社会治安呈现向好趋势。而且随着移动支付的发展，人们携带的现金减少了，传统意义上多发的侵财类案件呈现减少的趋势。

原来还有人偷手机，现在手机也越来越普及，越来越不值钱了，所以偷手机也变得没有太多意义了。最早的时候还有偷自行车的，现在都流行共享单车了，偷自行车就变得几乎完全没有意义了。再比如偷汽车的，现在都有 GPS，偷车也变得不太可能了。

现在的盗窃往往是通过多买少刷的方式进行的，不少还是白领，其实偷的东西也不多，但是只要有三次就入罪。很多人并不是真的缺钱，而是为了寻找刺激。这是传统犯罪中比较少见的。

随着法治文明程度的提高，劳动教养等措施的取消，有犯罪圈扩大化的趋势，这也是轻罪案件增多的一个直接原因。

目前来看，危险驾驶入刑是最重要的一个原因，这一个罪就占到全部案件的 30%。这是一个典型的轻罪，最高刑也只是拘役。当时设立该罪的目的是维护交通安全。这也是因为社会发展了，人们富裕了，有车的人多了，交往频繁了，喝酒开车的概率增加的产物。

虽然这几年代驾的使用频次有大幅度的增加，但是危险驾驶案件数量还是逐年大幅度地增长，有一种屡禁不止的感觉。这个事情，我之前也多次分析过。

危险驾驶案件数量逐年增多的主要原因之一是汽车保有量的基数越来越大。根据公安部统计，截至2021年3月，全国机动车保有量达3.78亿辆，其中汽车2.87亿辆；机动车驾驶人4.63亿人，其中汽车驾驶人4.25亿人。2021年第一季度全国新注册登记机动车966万辆，同比增长了67.31%；新领证驾驶人839万人，同比增长178.99%。机动车驾驶人4.63亿，刨除未成年人和老年人，这个数据是非常惊人的，距离人人开车已经不远了，我们现在也已经逐渐成为车轮上的国家了。

所以，不是危险驾驶案件增加了，而是开车的人增加了。

这与城镇化率有着正相关的关系。1949年末，我国常住人口城镇化率仅10.64%，2011年末常住人口城镇化率首超50%，2018年末常住人口城镇化率达59.58%。（新华社：《70年来我国城镇化率大幅提升》）2020年末，我国常住人口城镇化率超过60%。（中国经济网）根据"十四五"规划，在未来五年，城镇化预计达到65%。进一步还将是70%~80%。每一个百分点都代表了上千万的人口变迁。

是城镇化及社会经济整体的发展，使更多的人，也就是数以亿计的人有了驾车出行的需求，并能够负担得起购买和保养车辆的开销，这才会有数以亿计的汽车保有量，以及每年数十亿、上百亿次的驾车出行频率。而且这一趋势还在加速。

随着城市化的加速，这些新增的车辆、驾驶人员以及出行频率，也在成倍数地增长，以一个相对稳定的犯罪概率来说，危险驾驶的增多也将是必然的，即使这个犯罪概率有一定的下降，但在更大的驾驶员基数上，也还是会呈现一种增长态势。但这种态势并不能说明一定就是犯罪预防失败的问题，很有可能只是基数增长过快导致的。

从城镇化的发展趋势来看，这一趋势还将持续，而且可能在未来相当长的时间内持续下去——如果按照 80mg/100ml 这个简单化标准来入罪的话。

从这个意义上看，危险驾驶的增加其实是社会发展的产物，是社会变富裕，汽车变多了的产物。

我们认识到了这个原因，并对入罪模式的机械化进行反思，这也是犯罪结构轻刑化之后，我们容错能力提高的结果。我们不再像过去一样动辄喊打喊杀——虽然这种情况仍然存在，但是理性的声音逐渐多起来，对刑罚功能的局限以及其负面作用有了越来越清醒的认识。

重刑主义不再是主流的正义观念，取而代之的是合理主义，主张给予比例性适当的刑罚，甚至在有其他可替代处分的情况下，可以尽量少用刑罚。

因为大家越来越认识到刑罚的功能不是限制和隔离，犯罪之人终究要回归社会，我们要更多地考虑预防和接纳。就像包容自身和家人的不完美一样，我们也要学会接纳别人的不完美，因为他们是排斥也排斥不掉的，他们总会回到我们的身边，成为我们的一分子——即使是犯罪的人。我们是将他们作为潜在的建设力量来接纳和包容，还是作为潜在的异己分子而排斥和猜忌，就是完全不同的社会治理策略，也必然收到完全不同的社会效果。

这些犯罪之人会经由其自身的社会网络来回馈社会的善意或恶意，所以我们面对的从来不是一个人，而是他的家庭和一群人。这种反馈会通过他的余生不断持续下去，很多时候是几十年、数代人的观念传递。因此刑罚的影响从来不是一次性的，它的影响是数十年，甚至上百年的，不论是正面的还是负面的，这是刑罚的时间效应。如果这个负面的结果积累得多了，其结果就非常严重，这就是刑罚的累积效应。

如果是正面的效果，社会就可以得到更多的收益；如果是负面效果，社会还要消耗更多的成本来进行治理和控制。在人力成本不断提高的情况下，人是最值钱的，如果治理不好人，也是最费钱的。

在了解到刑罚的双刃剑效应之后，刑法学家很早就提出了最好的刑事政策其实是社会政策，也就是综合运用社会治理手段，目前对这一点也逐渐形成共识。

面对巨大的人口结构变迁，宏观的发展趋势，购买能力、出行方式、生活习惯的改变，也就是开车的人多了，以至于大部分成年人都能开车的情况下，对待危险驾驶就会有更多的了解之同情。也对它的社会历史发展背景有了更加宏观的认识。

　　这是社会发展变迁的产物，我们必须站在这个宏观趋势下来看待危险驾驶的罪与罚，这样才能洞悉正义感变迁的原因和趋势，也才能有更加理性的认识和判断。

司法的理想主义

理想主义是不是就是不现实，不合时宜？是不是就是无谓的牺牲，或者看不到希望？

今天的理想其实就是明天的现实，只是我们不一定看得见，不一定能切身享受到它的美好。

但是很多现实主义的人认为，既然不能切身享受到美好，那付出就无意义。不能有利于自己的仕途升迁，不能有利于自己实际利益的获得，那这种努力就是荒唐而可笑的。

这与其说是现实主义，不如说是功利主义更恰当。

真正的理想主义其实也是一种现实主义。因为真正的理想也要遵从现实的条件、时机和路径，从现实出发为理想获得实现的可能。无谓的牺牲，完全超过现实条件的设想，那只是空想，不能成为现实。因为真正的理想是为了将理想变为现实，而不是仅仅停留在空想阶段。

所以真正的理想主义会与现实进行一定的妥协，而不是一味地蛮干，在曲折发展的过程中也一定不会忘记更高的价值。

真正的理想不仅仅是牺牲个人的利益，也不仅仅是让个人变得没有意义，而是将个人融入历史的洪流，置身于更大的价值体系。只有让个人变得有意义，才能够激励个人不断地投入，才能有投身理想主义的不懈动力，才是可持续的理想主义。

司法的理想主义也是一样的。有时候，我们知道需要坚守什么样的价值导向，法不能向不法低头，你办的不是案件而是别人的人生，程序正义的刚性价值，等等。但我们有时候也会屈从于现有的管理模式，屈从于领导的个人好恶。如果领导的价值观是正向的，那我们自然是乐于追随的；但是如果领导的价值观是消极的，甚至是负面的，微观环境又是机械执法的，那我们是不是要屈从于现实？是让自己变得很乖巧、很成熟，从而让领导满意，还是要固执于自己的理想主义，给领导留下不懂事的印象，进而牺牲自己的前途？

这是很多人担心的。

比如正当防卫，你如果坚持某案件适用于正当防卫，但是领导习惯于唯结果论的机械执法，那他不会说自己是机械执法，而是会批评你不敢担当，甚至会说你社会关系复杂，猜疑你办案时存有私心。这个时候希望坚持"法不能向不法低头"这个理想主义的你，可能就会向现实低头，从而让"法向不法低头"。

这是理想主义经常遇到的困扰。理想常常是稀缺的，它是前瞻性的，它是当下并未实现，甚至并未成为主流的东西。如果已经成为主流了，那就是一种现实，而不是理想了。

理想一定是与现实有一定距离，实现起来有一定难度的东西。它看起来很美好，但实现起来很困难，甚至会得罪人。

理想主义也会得罪现实主义的习惯性思维，会打破以往司法惯例的处理习惯，而这些已经融入了很多司法官的骨髓，成为很多领导的惯性思维，甚至是一种权威，你的坚持就成为了挑战权威。挑战权威，就是挑战保守主义者的情绪，而这些人往往处于管理者的位置。那他的情绪就会影响到你的前途，从而让你不能不仔细掂量。

所以不少人在案件处理上是无原则的，他们处理案件的依据主要是揣摩上意，领导稍微流露出一种态度，有的人就会将这个观点放大，并寻找相应的证据支持，而不会再去考虑这样做是否有利于案件的妥善处理，是否有利于公平正义的实现，是否符合司法发展的导向。

这种唯领导马首是瞻的思维，往往导致案件只朝着一个方向走下去，即使经过了很多人、很多环节的把关都没有意义。直到很多年之后，往往是隔代之后被纠正了，才会导致彻底的负面评价。

难道这个过程中没有一个人心怀司法理想，甚至是司法良知来提出意见、据理力争，来阻止这个悲剧的发生吗？有的时候，真的就是没有。可能有极个别的人试图坚持，但在压力之下也选择了妥协。他们选择了现实主义，选择了一时的安稳，却失去了理想主义所追求的勇敢、正直、善良这些更加持久的价值。

从这个意义上说，理想主义才是长久的现实主义，只有它才具有最稳定的力量。

只有依法、依从良知才可获得最大的安稳，这种"安稳"，有时并不是荣华富贵。当然了，很多时候也未必是安稳，甚至是被冤枉、受到委屈、受到压制。这是理想主义所必然付出的代价。

但是若无理想主义者的付出，又哪来世界的美好？世界不会凭空变得更加美好，空气不会凭空变得干净，普遍的公正不是轻易就能够实现的。甚至还会有现实主义只能维持现状，只能不断向私利妥协的恶性循环。

因为欲望和私利是无止境的，如果把向这种欲念妥协当作一种明哲保身的处世哲学和发展路径，那谁又来在乎公利、公益、公道呢？对这种品质的坚守，自己是不能从中拿到什么的，它们反而会成为自己拿到现实利益的障碍，那这些品质还值不值得追求？

法律人毕生所追求的公平正义，仅仅是个人的利益吗？还是公共的利益？至少应该是在追求公共利益的同时追求个人利益，或者是在追求个人利益的同时不能以牺牲公共利益为代价，最不应该的是以牺牲公共利益为代价换取个人利益。

个人利益是切身感受得到的，而公共利益离我们很远，个人的感受并不明显。

人类与动物的区别之一，就是人类具有抽象的想象能力，将那些不是食物、衣服、居所的东西，想象得更加神圣和重要，并愿意为它长期奋斗，甚至牺牲自己的生命。这就是理想主义的基础，也是人类的延迟满足，为了长远利益牺牲眼前利益，为了抽象利益牺牲具体利益，因为我们是想象的共同体。

所以理想主义其实是人性的一部分，是人类作为高等动物的重要属性。

所以追求理想主义其实是在追求人性的光辉。

我们并不单单为自己而活，并不仅仅为眼下而活，也并不仅仅为物质利益而活；我们也为精神追求而活，为抽象的理念而活。

就司法工作的理想主义而言，我着重想讨论几个问题。

1. 人性司法还是机械执法？

人性司法观的基本出发点就是把人当作人来看待，在办案的同时要考虑到别人的人生。

当然，这样做很累，有时还会被别人嘲笑。

很多人觉得这是在给自己找麻烦：自己办的只是案子，别人的人生与自己无关。

所以只要打架双方都动手了，就是互殴；谁伤得重，谁就是被害人。也不去问问案件的过程，对于不好描述的原因，只要写上"琐事"就觉得能说得过去了。赶紧把这个案件起诉了事，能判就行，判得轻重也没必要关心。大量地补充新证据，不仅是给自己找麻烦，也是给侦查人员找麻烦，会被批评为"书生办案"。

谁让你考虑别人人生的？你应该考虑的是自己的人生。

虽然有些案件情有可原，但是只要法条够了，就不要考虑那么多，以前能定的今天也能定。如果你非要坚持颠覆以往的处理方式，就很容易被打上另类的标签，甚至被批评为理想主义。

而贴上这个标签就很容易被孤立，让你显得不合群，让你显得不够"成熟"，让你显得非常缺少"社会经验"，让你感到恐惧，让你以为理想主义是错的。让你以为只有现实主义才是对的，只有屈从于习惯才是对的，只有随大流才是对的——让你失去了对是非的辨别力。

有时候，是基于良知的痛苦和对人性的悲悯，让你不由自主地坚持人性，只是"你办的不是案子，而是别人的人生""法不能向不法低头"这些话说得多了，才让你壮着胆子开始坚持。坚持的人多了，理想主义的理想也就成了新的现实。

理想主义其实就是走没有人走过的路，走的人多了，没有路的地方也就有了路。

2. 做司法官还是做司法长官？

虽然是员额制了，司法官的地位在提高，但是在泛行政化的背景下，与带"长"的身份还是不能比。

助理们很多时候会质疑员额干多干少、能力高低，但从来不敢质疑领导干多干少、能力高低，如果这个员额恰巧也是部门的主任，那么这个质疑就好像消失了。并不是真的消失了，而是不敢质疑。

他们所敬畏的无非是晋升、评优、配组、工作分配等这些真正的权力，而这些权力是司法官所不具备的。

因此，很多司法官仍然羡慕这样的权力，在与现实妥协的时候，也是因为害怕失去获得这种权力的机会。很多司法人员即使从体制离开，自己创业了，也还是习惯于将行政职务等同于职业成就来评判，这种科层制的思维是根深蒂固的。

司法的理想主义之一，就是让司法官在司法权体系中获得核心地位，从而回归司法规律，真正保证司法权的公正、透明和相对独立地行使。

行政权作为一种巨大的现实力量，在司法运行的实践中仍然有着巨大的诱惑力。比如可以给别人安排工作，而不是被安排工作；不用再直接从事实际工作，而只是分配工作、验收工作——这种控制力是非常有吸引力的。

事实上，司法的理想主义并不排斥权力，很多时候权力都是实现理想、放大理想的重要途径，因为权力的本质是影响力。但是如果在获得权力的过程中，不择手段，甚至完全放弃了理想，那么这个权力就只是在为私欲服务，反而会成为实现司法理想的阻碍。

司法的理想主义的基础首先是要做好一名司法官，在这个基础之上再去做好的司法管理者，而不是将成为长官作为自己全部的理想。

3. 等待还是离开？

当然，很多助理会着急，他们可能连做司法官的机会都没有，还怎么考虑司法理想？怎么成为好的司法管理者？

这个话题我听过多次了。必须承认的是，现在从助理成长为司法官的周期变长了，这是转型期的命运，需要我们充分理解。虽然这种现状可以通过现有员额的退出机制有所缓解，但也不能从根本上改善。虽然助理也可以走司法行政的路线，走上管理者的道路，但在基层司法机关这也不是主流的道路。

到头来，主要就是两种选择：一种是离开；另一种就是继续等待。

对这一点，我是持开放态度的。我认为从有利于自身发展的角度来看，重新选择职业赛道，未尝不是一件好事，而且无论在哪个法律行业都是在为法治建设做贡献，只是岗位不同而已。

但我想强调的是，每一种法律职业都是不同的进化路线和进化环境，都是兼具优劣特点的。司法职业虽然发展慢，但是超级稳定，保障好，在年轻的时候更有择偶优势；律师职业虽然发展快，有开放性，但是不稳定，对年轻人也缺少耐心，社会地位认同感也不一样。

所以你会发现一个特点，男性年轻司法人员在结婚后，更容易离职，因为他在家庭稳定之后，就可以选择一些风险大，但回报更高、发展空间更大的职业，其中也有改善生活的现实压力。

但是从现在的实际情况看，在哪都不好干，都需要长期的积累，专业属性都越来越强了。从体制内出来的晚，你的年龄优势就不具备了，很多事情还是要从零开始。虽然不少离职司法人员的职业发展也不错，但是他们付出得更多，在成为一线律师的过程中难度也还是很大的，因为任何职业都有资源的垄断性。

如果要留下来，就必须面临更长时间的等待，发展节奏的缓慢，以及机会成本的降低，因为出去的越晚机会就越少，这就需要更多的坚守，感觉是在为了理想而安于清贫。

但是很多年轻人是不甘心的，认为自己是怀才不遇。只是并不是所有人都会决绝地离职，在市场上打拼。

很多人的选择是消极地等待，把办案当作负担，得过且过，慢慢挨着日子，其实这是最没有价值的做法，是对生命的浪费。

不论你以后是否在体制内发展，消极地等待都没有任何意义，既不能给你积累司法经验，为成为司法官做准备，也不能为以后从事其他法律职业积累经验，提升技巧；反而会养成一种司法惰性，一碰到困难就"撂挑子"，拈轻怕重。这种习惯在哪里都是要不得的。

任何优秀的律师都不愿意带这样的助理，在竞争日益激烈的司法官遴选竞争中，这样的助理也不会有任何优势。

这种消极的态度只能使他离理想越来越远。

4. 理想与现实如何平衡？

有人说，现实很残酷，不妥协行吗？！言下之意，就是你连生存都可能有问题，怎么能够不妥协？

这是现实主义者习惯用的借口。现实当然很残酷，真实世界不是童话王国，但是这并不意味着你就应该违背良知，做完全与司法理想背道而驰的事情。

坚持理想就一定会被现实碰得头破血流吗？也许并不是，而是被可能头破血流的局面吓破了胆。

不能冒任何关乎切身利益的风险，把任何可能的风险和代价都当成"残酷"，对任何可能的牺牲都夸大为"头破血流"，这无非是让自己的妥协没有那么不光彩。

哪有没有风险的收益？哪有没有任何牺牲就能实现的理

想？哪有没有任何付出就能获得的美好？

真实的情况是，风险和收益往往是成正比的。

不仅是理想的实现需要付出风险和代价，很多现实利益的获取不也一样需要付出良知、人格的代价和风险吗？

关键是愿意付出哪种风险，愿意获得什么样的收益。

因此，要实现理想却不想为之付出代价是不可能的。但理想的实现也绝不是与现实硬刚，而是可以讲究策略和时机的，总之绝不能以突破底线为代价。

这种与现实的平衡，往往体现为更多的现实考量、更具操作性的步骤、对人性更加透彻的把握；往往体现的是对节奏、路线和分寸的把握。

理想的实现不是立即马上全部实现，很多时候是逐步地、有条件地，但是终究是更加彻底、全面地实现，在这个问题上不能动摇。有时候在理想实现的过程中就已经融入了现实的条件、基于现实的清醒。将理想与现实结合后，甚至会改变理想最终实现的具体路径，从而提高理想实现的可能性。

5. 为了理想你到底可以坚持几天？

如果只是一时的冲动、三分钟热血，那绝非真正的理想。

把现实的苦难无限夸大，动辄就放弃理想，甚至站到了司法理想的对立面，那也不是真正的司法理想主义者。

司法理想与其他任何伟大的理想一样，都需要长期的努力和奋斗，需要从量变到质变，再到新的量变和质变的长期循环过程。

因此在实现司法理想的过程中，不要忽视一点一滴的努力，不要轻易转变，不要放弃对个案的坚持。正是这些积少成多、聚沙成塔的努力才构建成了司法理想的大厦。

因此，司法的理想不是由空洞的想法组成的，而是由一次又一次，一个又一个人现实的努力形成的。从这个意义上讲，司法的理想主义是由司法的现实主义构成的。当然，这些个司法现实是朝着司法理想不断转变的现实，是一种不那么"现实"的现实，不那么功利的现实。

所以，不要说一个人是微小的，一次努力是可有可无的，正是这些零星的司法火种，才汇聚成为司法理想主义的燎原之势。

所以司法的理想主义就是一个由少数人到多数人，由个别到一般，由另类到主流，由理想到现实的过程，而这所有的一切都要坚持长期主义的信念。

我们的正义感到底是什么？

在讨论危险驾驶罪的时候，有的人提醒我，要考虑那些交通事故的受害者。虽然他们明知我讨论的不是交通事故罪，而是危险驾驶罪，但是他们会自动联想到危及交通安全行为所可能产生的最严重的后果。

他们在讨论安全的时候，有一种过度保护的欲望，这是他们的正义感。

但是还有一些人认为酒驾入罪应该废止，至少应该进行立法化改造，现在通过抓人的方法并不能从根本上解决问题，而且比酒驾更为严重的毒驾都没有纳入进来。还有 80mg/100ml 的入罪标准似乎有点太低了，这也是各地提高入罪标准的根本原因。

他们主张刑罚要谦抑。

这显然是两种不同的正义感。

有人认为危险驾驶罪居高不下，说明我们的打击力度有问题，应该从严打击，不应轻缓处理。但是有的人从短期自由刑弊端、刑罚的污名性和"株连效应"的角度考虑，认为酒驾入罪应该尽量轻缓化，大量适用不羁押、不起诉。

这两种不同的刑事政策，也代表了不同的正义感。

其实在危险驾驶罪的处理上，观点是非常分裂的，这背后体现的是正义感的分裂。

那正义感到底是什么？我们应该追求什么样的正义感？

所谓的正义感，用最简单的话来说，就是关于正义的观点和感觉，是对行为取向是否正义的价值选择和判断。

正义感的背后是价值观，是价值选择的排序。

如果你更需要安全和秩序，那有可能对危险驾驶持更加批判的态度。有的读者说得很好，醉驾是非常容易克服的欲念，只要酒后不开车不就没事了吗？连这么简单的事情都做不到，活该受处罚。

持这种观点的人往往平时也不大开车，甚至是不大喝酒的人。酒驾对他们来说只有危险，毫无值得同情之处。而且重要的是，他们不可能酒驾，所以在批判酒驾的同时，能够确保绝对安全。自己永远都可以处于审视者的角色，而不会成为酒驾的实施者。所以与其说这是一种优越感，不如说是安全感在发挥基础作用，他们的态度实际上是一种自我保护。

从更深层次来讲，这也说明他们内心深处有一种不安全感，对安全保障和交通规则没有信心，对自己规避交通安全风险没有信心，对自己应付社会的不确定性风险也没有信心。从内心深处渴望慢速的发展变化，希望获得更多的秩序感。

与其说他们是害怕交通安全被破坏，不如说他们害怕快速变化的社会，害怕生活中的不确定风险。

当他们在基础安全感不能得到满足的情况下，对于更高位阶的理解与同情、惩罚的比例性等就无暇顾及。所以他们对危险驾驶有着一种歇斯底里的仇恨。这反映出了在安全感方面的焦虑是对现代社会的不适应的体现。

他们大声地谴责好像代表了一部分公众的利益，其实主要代表的是与现代社会不适应者的利益。他们代表了静态的、低速的、确定性的传统主义者的价值观。

而那些主张对危险驾驶的立法模式进行反思，主张轻缓化处理的人，往往是对社会的发展速度比较适应的人。他们往往是开车一族，至少家里有人开车。他们知道影响交通安全的绝不仅仅是危险驾驶这一种情形，很多更严重的情形并未被纳入刑法规制的范围。而且实践中的情形千差万别，应该区别对待。虽然危险驾驶对交通安全有影响，但是这种影响不能一味拔高，而应该实事求是地评价。

更为重要的是，喝过酒的人往往会降低风险的意识，这种意识虽然喝酒前后都具备，但在酒后不清醒的状态下不容易控制和预防危险的发生。饮酒文化不可能根绝，城市发展导致驾车代步的趋势不可能阻挡，这些因素叠加导致酒驾的发生必然有相当大的概率。

从实际情况看，由于酒精耐受力的不同，有些人酒后驾车的安全性并非一定会下降，也就是酒驾对交通安全所造成的影响也并非必然的。

但是危险驾驶的入罪标准相对是机械的，这就导致了危险驾驶罪呈现了一个相当大的规模。

主张危险驾驶罪应当进行立法调整和轻缓化处理的人，并非不在意自身的安全，或者因为他是司机，他就希望逃避酒驾惩罚。更多的是因为他们有着驾驶的经历，他们知道现代社会建立在车轮之上，这是快速发展、高速运行、处处具有不确定风险的社会。

如果不想要不确定的风险，那就必然以牺牲发展为代价。我们能够做的只能是在两者之间尽量维持平衡。在安全和发展的平衡上，这些人往往选择了发展，是选择在发展中解决安全问题。

保持刑罚的谦抑，就是尽最大努力为社会保留发展的力量，让犯罪人不至于脱离社会关系网络，而是可以尽快地回归。而危险驾驶很多都是白领犯罪，他们很多时候都是社会的中坚力量。让他们妻离子散，对社会没有好处。

我们必须面对刑罚的负面作用，包括污名性、"株连"效应以及短期自由刑的交叉感染。轻缓化处理不是仅仅让醉驾者占便宜，而是尽量避免让他们学到其他的犯罪经验，尽量让他们不要带上"前科"的标签而无法与社会相融,从而破罐子破摔。也是尽量避免他们的数百万子女因为父母的"前科"而遭遇不公正的待遇。

在现代社会,公正性问题越来越比眼前的交通安全问题更加重要,他们涉及的是数百万人的命运和人生前途问题,他们的命运如不能得到更好的对待,他们也不会更好地对待社会。那样带来的安全性问题,可就不是抽象的、单一维度的了,而是持久的、长期的、全方位的。

从表面上看,我们从严打击危险驾驶好像维护了眼下的交通安全,但是这么做所埋下的巨大隐患将是无法弥补的。

这种正义感的不同,也是发展观的不同,是对世界的不同认识,是对未来的不同期待。它根植于我们与周遭世界的关系处理,以及我们对自身处境的情景设定。

第二章　思维

当我们谴责醉驾的时候，我们在谴责什么？

首先，我们会说这是咎由自取、活该，完全不值得同情。

因为醉驾入刑已经这么长时间了，身边的案例俯拾即是，难道他们还不知道吗？"司机一滴酒，亲人两行泪"这句话总该知道吧。

对醉驾的危害，人尽皆知，这个违法认识是相当普遍的。

醉驾可能引发交通事故，进而危及其他人生命安全的危险性也是客观存在的。而拒绝犯罪的成本又如此之低，无非就是"开车不喝酒，喝酒不开车"嘛，实在不行叫代驾嘛，现在代驾服务也非常发达，找不到代驾的情况仍然是少数。

以极低成本的付出，换来交通安全，也就是其他公民生命财产安全的巨大收益，有什么不能做到的？

何况，醉驾即使不发生事故也会被定罪，而定罪将产生"前科"的污名效应，将会付出巨大的代价，这显然是不值得的，是得不偿失的。

谴责醉驾的人，想不明白的是，这么浅显的道理，怎么这么多人不明白呢？所以他们的普遍感受是，处罚得还是太轻，执法力度还不够严，还是有抓不到的情况。

2021年第一季度危险驾驶的案件数同比上升了一倍以上，近年来危险驾驶案件始终居于全部案件的首位，目前已经占到30%，累积定罪处刑人数已达200余万，影响了上千万个家庭。仅仅因为这一个罪，导致整体犯罪率都呈现出了上升的态势。

如此大规模地定罪处刑，不能说打击力度不大，抓得不严。但是为何屡禁不止？打击效果到底怎么样？

对此问题，我持续写了几篇文章进行探讨，发现读者的观点存在巨大的分裂。

应该说坚持严惩，加重处罚力度和打击力度的呼声是主流。

我想他们一定有自己的道理。最核心的理由就是醉驾行为对他人生命财产所造成的危险，虽然是潜在的、抽象的，但也是确实的。

因为醉驾对交通事故的发生一定有原因力，这个原因力虽然只有5%左右，却是我们日常中最容易想到的。我们没有想到的是，对交通安全威胁最大的其实是疲劳驾驶，这个因素在恶性事故的原因力中占30%左右。

但是这些数据是普通公众所无法充分知悉的。

还是"司机一滴酒，亲人两行泪"更加家喻户晓。虽然醉驾不是交通事故的"头号杀手"，但因为多年来的普遍宣传，让它成为"交通事故"名义上的"头号杀手"。

人们是根据日常积累的印象来建立认知的，普通人身边很少有大车司机的朋友，对疲劳驾驶的危害印象不深。但普通人身边喝酒的朋友，开车的朋友，那真是随处可见。每一次喝酒，几乎都有人开车过来赴宴，负责任的东道主，在要求司机喝酒的时候往往会要求其找代驾，甚至散席的时候，会等待代驾过来将朋友的车开走，才放心离去。当然，如果东道主也喝多了，或者没有那么负责任的话，可能就对这个环节疏于管理了。

都是成年人，责任自负，喝酒之后找代驾，还需要别人教吗？这个时候这位酒后的司机，能够去找代驾，并完全由代驾停车入位，全凭酒后残存的认识能力和控制能力。

这也是醉驾屡禁不止的原因，那就是不喝酒挺好的，喝完酒就不是他了。

但是对于喝酒误事、酒后驾车，这不是一个可以原谅和同情的理由。

而且谴责的人还提醒我们，在同情醉驾之人的同时，想想那些交通事故中的受害人及其家属，他们不是更值得同情吗？

所以他们坚决反对对醉驾宽缓处理，他们仍然认为人抓得还是不够多，刑罚判得还是不够重。

这种态度似曾相识，就在前几年，在减少死刑的过程中，就有不少反对的声音。这些人认为不应该减少死刑，担心死刑减少之后，不足以发挥刑罚的震慑作用。

有些人出于义愤，认为交通事故罪都应该判处死刑，这样可以以命偿命；也有认为违反传染病隔离规定的人，应该处以极严厉的刑罚；人贩子、性侵儿童的罪犯，都应该拉出去枪毙。

这些朴素的正义观，反映出来的就是报应刑的基本思想，其根源就在于同态复仇。

醉驾从入刑到从严打击，也反映了这样的思想。

这是一种正义的直觉，就是一种觉得是正义，觉得是公正的感觉。

这是一种经验的产物。

它来自于一种概括性的认知，普遍的共识和日常的经验。比如，大家都知道醉驾对交通事故的原因力最大，而我知道有醉驾的情况存在，甚至见过醉驾的人，那我也会认为醉驾危险大，甚至最大。在这个问题上，我不会去关心统计数据。

尤其是也并没有统计数据的日常公布方便我们查询。我们经常了解到的，听说到的，就是醉驾普遍性的存在。

而有孩子的人，尤其无法容忍对未成年人的犯罪，了解到的每一个这样的犯罪，都会感觉是施加于自己孩子身上的犯罪，这种感同身受是极为强烈的。就比如，有了小孩以后，我和我爱人都看不了丢孩子的电影，没法看，就像自己的孩子丢了一样。甚至这方面的新闻都不能看。这种强烈的感情共鸣我能够理解。

所以对于一律判死刑的直观感觉我也是能够理解的，但是从法律人的理性来说，这样并不合适。

同样，对于醉驾的痛恨我也能够理解，这是我们长久以来经由宣传和经验所形成的一个固有的看法：醉驾是影响交通安全的第一大敌。为了维护不特定多数人的生命安全，我们不能放松管制和警惕，打击的力度不能降。

但这种痛恨并没有让人区分出来：我们到底应该打击70mg/100ml，80mg/100ml，还是150mg/100ml？

打击的同时，是否要区分只是挪车、内部道路、行驶的速度、行驶的距离、是否上高速这些因素？

即使是复仇，也还有一个精确程度的问题：是以眼还眼，还是以命还眼？

有时仇恨会让我们蒙蔽双眼，杀红了眼，混淆了视线，一律杀将过去。过量复仇在朴素正义观上也是站不住脚的。

我们说从严打击，是指有罪必罚，只要醉驾就会被查处，而不是有大量的漏网之鱼。但是查处之后，哪些应该起诉，哪些不应该起诉，哪些要判缓刑，还是应该有所区分的。

即使要求从严打击，也不是要求80mg/100ml一律处羁押实刑。同样，主张宽缓处理，也不是一律不羁押不起诉，也不是宽大无边。无论宽与严，在有针对性这一点上其实是一致的。都是要求宽严相济的，这样才能更好地发挥刑事政策的作用。

因此，不少地区提高了入罪标准，现在两高也在考虑入罪标准，这一点是实事求是的，也是理性的。

我们强调打击醉驾，这是一个笼统的概念，但经验的认识让我们无法判断入罪标准放在 80mg/100ml 这个基准上是否合适。这是一个相对专业的问题，就需要相对专业的判断。

我们基于经验的感性认识，不应该排斥专业化的理性思考。

就像同样是感冒症状，但并不一定是自己吃点药就能治好的。经过医生的诊断之后，就会有一些不同的判断，背后有我们看不懂的专业知识，这也是我们需要医院的原因。这是社会专业分工带来的必然结果。

通过公众的呼声，我们能够了解到大家对交通安全的关切，对司法机关严格执法的殷殷期许。但这并不意味着我们要放弃专业化的理性思考，去一味迎合不理性的呼声。

因为这种呼声有着信息不对称的先天不足，比如不清楚疲劳驾驶才是交通事故的第一原因；也有着不够精确的问题，比如没有对醉酒进行定量的判断，没有人能说得清喝多少才算是醉了，有人认为喝一口都不行，有人认为不应该过于苛责，这必须有专业判断和统计数据的支持。

数量化思维虽然也有过于机械的问题，但确是现代社会治理的基本方法之一。传统的经验主义逻辑缺少定量化的思考，往往定性而不定量，容易造成模糊和过激。

我们对醉驾的痛恨，必须转化为对何为醉驾，如何判断等具体的量化标准。我们对醉驾管控的需求，必须结合刑罚、吊销驾照等行政处罚进行综合治理，对醉驾的不同情形进行区别对待。这样才能更有针对性，才会更有效。只用刑罚一种方式的治理模式一定是简单粗暴的，这种简单粗暴将产生边际递减效果。

我们在打击的同时，还不得不考虑打击的局限性和负面作用。

打击的局限性就在于，虽然醉驾的危害性宣传得比较充分，达到了人人皆知的状态，但仍然受到醉酒状态下认识能力和控制能力下降的干扰，不能很好地贯彻落实。虽然对醉驾的打击很严很普遍，但在醉酒的一刹那很难产生威慑效应，尤其是身边人也醉酒的情况下，其实是处于一种无人提醒的状态。

此时，刑法之前的严厉处理对当下的醉酒者无法产生威慑作用，这是提高刑罚也无法发挥作用的。因为在不清醒的状态下，醉酒者根本就想不起来这些事情。

当然清醒的时候是有效的，有些也会提前叫好代驾，但是这种谨慎的人仍然是少数。

这种不清醒的客观状态就是醉驾案件屡禁不止的原因，这与其他案件是不具有可比性的。因为这些案件的特点就在于，它们都是在醉酒者不清醒的时候发生的，而其他犯罪大部分是在行为人清醒的时候发生的。

这种清醒与不清醒的差别就决定了，多抓重判无法充分发挥作用。这种不清醒的特殊性，谴责的人往往避而不谈。在这种不清醒的情况下搞犯罪预防，必须有一些特殊的方法，否则一味地处刑也不能从根本上解决问题。

打击醉驾的同时，不仅会给其本人带来"前科"的标签效应，导致其终生融入社会的困难，还因为"株连"效应，容易误伤无辜，比如子女入学、就业等，都普遍需要填报父母的"前科"情况。这些父母的刑罚将使子女遭遇不平等待遇。

即使最痛恨醉驾的人，也不会理所当然地认为应该让这些子女"生而有罪"。即使他们的子女终生都不喝酒，也不开车，但他们还是不能获得与其他年轻人一样的入学和就业机会。而这样的人已经达到百万之众，而且还在以这样的规模发展。

试问，你在谴责醉驾的时候，考虑过这一层没有？还是对你来说，这根本就无所谓？

当然，你可能会觉得你谨言慎行，不可能发生违法犯罪的行为，你永远也不会"摊上事儿"，所以你永远处于一种谴责他人——而不是被谴责的角色。

但你怎敢保证你的家人和亲友永远"摊不上事儿"？即使不是醉驾，那有没有可能是其他事情？或者因为反抗暴力的时候把别人打坏了，而这个时候要机械执法，唯结果论的时候，你如何主张和谴责？

不清楚情况的人会说，把人打坏了，就要承担责任，没人听你冗长的辩解。就像你也不想听，这些醉驾之人及其家属的辩解一样，你认为根本不值得一听。

在这个复杂的、快速变动的社会中，我们每个人都无法完全置身事外，即使你不惹事儿，事儿也可能找上你，我们都希望个中的具体缘由被听见、被理解。

如果是这样，就不要轻易地否定别人的辩解，用"一刀切"的、不问青红皂白的逻辑来审视别人的问题。因为任何人都不具备永远凌驾于其他人之上的道德优越感。

我们在审视别人、谴责别人的时候，也时时被别人审视和谴责。正所谓：己所不欲，勿施于人。

重刑主义的思维模式

近二十年的刑事案件统计数据非常清晰地显示，重罪案件大幅度下降和轻罪案件大幅度提升的趋势。这是社会发展的良性结果，这是一件大好事。但是有一些常见多发犯罪，并无明显下降趋势。

很多人本能地认为这是因为刑期给得不够重，即使面对的只是最轻微的犯罪。

对于犯罪治理没有好办法的时候，有一些人就要祭出重刑主义的大招。

最高刑为拘役的案件，给它有期徒刑 3 年起步，狠狠重判，才会让这些人长教训，才会让其他人引以为戒。

但是这个逻辑成立吗？

我们知道，刑罚的设定不是孤立的，而是体系性的，是在与整个犯罪体系中进行比较得出的相对合理的结果。这里既要考虑主观因素：是故意还是过失；也要看客观因素：行为的危害程度，犯罪结果的严重程度，也就是对法益的侵害程度。

只有综合这些要素，才能评估出犯罪的严重程度，从而为其设计法定刑。也就是说这种法定刑不是主观的随意设置，而必须要符合一定的规则，必须要与现有的罪刑体系相适应。

危险驾驶罪之所以设定为最高拘役 6 个月的轻罪，主要是因为它没有严重的危害后果，其危害性主要体现为潜在的危险。显然，潜在的危险与已经发生的严重结果相比，肯定是有严重结果的法定刑要重。

如果把没有发生严重结果的危险驾驶罪的起刑设置为 3 年，把已经撞死人了的交通肇事罪设置为 3 年以下有期徒刑或者拘役，岂不是就明显不协调了？

让轻罪重刑化的结果，就是重罪的量刑反而显得轻了。

这不是逼得酒后驾车的司机把人往死里撞吗？因为有了死亡结果反而更轻了，岂不怪哉？

当然，正常的逻辑是只能逼得交通肇事的刑期也跟着上调。很多人也认为，都造成死亡结果了，那就应该重判，也为了与危险驾驶罪拉开差距。那交通肇事罪的起刑直接设置在 10 年好了，这回解气了吧？

但是不要忘了，交通肇事只是过失犯罪啊，他虽然撞死了人，但他可不是故意撞的。如果是故意撞的，那是杀人，判 10 年以上，甚至无期、死刑都没问题。

这里显然有一点唯结果论的味道了。之所以有人认为这些过失犯罪判得轻，是因为他们只看重了结果，认为这么轻的刑罚与结果的严重性不相适应。

杀人的结果与交通肇事的结果都是人的死亡，既然都是一条鲜活的生命，为什么有的犯罪判得就重很多，有的犯罪判得就轻很多？造成这种差异的原因到底是什么？

这个原因当然是责任。就是对一件事要负多大的责任。是疏忽大意，还是蓄意为之，我们都知道它俩绝不是一个概念。

但是它们到底值不值这么大的刑罚差距？

这主要是因为现代社会的发展太快了，就像汽车与马车、步行相比就要快很多，从而造成的交通事故也成倍增加，每天都会有许多人丧命。他们不是被故意杀死的，他们是被更加快速、匆忙的运行速度杀死的。当然，违反交通规则行驶也是其中的重要原因，但不是唯一的原因，所以这个责任不能让肇事司机一个人来背。

那既然不是故意，就很难预防。很多人都开过车，谁敢保证自己从来没有违过章？比如限速的时候，在一条直路上，一会儿开到 80km/h，一会儿开到 60km/h，一会儿又开到 80km/h。如果路上车少，你很容易就照着 80km/h 的速度一直开，但是这样的话你就违法了。而我们知道超速也是造成交通事故的重要原因，很多时候超速行驶造成的事故数量并不低于醉驾。

但是，在上面的情形下，你显然不是故意违法，有时候是没有看到交通标识，就违法了。人不是机器，确实有注意力不集中的时候，只要脑子一想别的事就溜号了。

我们也知道不要与司机说话，这会干扰他开车。但是如果真的长时间没人说话，还会犯困呢。那到底该不该说话？而且即使不说话，难道司机不会想事吗？你又怎么能控制住司机完全不想事，而只是一心一意地开车？

所以要求完全不违法，开车完全没有过失，也是一种苛责。走路有时也会撞到人吧，虽然溜号了，但不那么危险。而开车溜号了，所造成的风险就会被放大，甚至会死人。死人是非常悲伤的。但是你要求人绝对不溜号，不违法，这是不可能的。

你可以强调驾驶安全的重要性，尽量避免交通事故的风险，比如醉驾、超速、超载、无证驾驶，并将造成交通事故发生了严重后果的纳入刑罚处罚，从而引发关注。因此应该提醒司机开车要谨慎，因为它可能造成的后果要比走路严重得多。

但是这种疏忽不是将交通肇事者枪毙就能够避免的，因为我们知道开车的时候如果担心过多，过于犹豫也一样容易发生交通事故。心理负担过重也开不好车，一想到握着方向盘就可能要犯重罪，这是一种非常沉重的心理负担。

撞死人即使要偿命也不能杜绝交通事故致人死伤。唯一能够实现的就是只要撞了人，就要彻底把他撞死，根本都不要停车救助。因为交通肇事与杀人同罪。

如果不区分主观责任，实际上就是将无意犯错的好人朝着坏人的方向推。这样做不仅不能杜绝过失，反而会增加故意。

重刑并不能通过刑罚信号预防过失，因为过失不是通过对刑罚的敬畏就能够避免的。过失来自于人类主观意志和行为的不稳定性，而社会运转速度的加快放大了这种不稳定性以及危害结果。

因为加速发展的代价本身就是风险的增加，不管怎么避免，这个代价都是存在的。只要发展的速度与所增加的风险相比，收益更大，它就是值得的。而且所增加的风险还可以通过技术手段予以适当降低，比如安全带、红绿灯以及交通规则，还有现在的电子地图、人工智能的辅助，甚至未来的无人驾驶。

无人驾驶从总体上可以极大降低交通肇事的概率，减少死亡人数，但也会因为无人驾驶系统的偶发性紊乱造成比传统交通事故更大的事故，那就是系统性故障。但我们能因为系统故障的存在就放弃发展吗？

同样，我们不可能因为交通肇事就退回到慢速社会。

主张重罚的人其实就是以慢速社会的低风险容忍程度，来要求高风险社会的高风险成本，这不仅是一种苛责，也是一种倒退。

对风险社会的容忍，是社会高速发展必须要付出的成本，这也是过失犯罪与故意犯罪的刑罚差距巨大的原因。不是我们纵容犯罪，而是我们在速度与秩序之间要作出的必要平衡。

如果经由风险社会的容错，主观过错的区分，对犯罪进行的体系化考量，才将交通肇事罪的起刑点设置为 3 年以下有期徒刑或者拘役。也就是在有了死亡结果的情况下，才设置这么低的起刑点。那对于没有严重结果的危险驾驶，又有什么理由将起刑点置于交通肇事之上？

尤其是醉驾与超速、无证驾驶相比，同样都对交通安全具有严重隐患，但后两者均未入刑，只是一般的交通违法行为。

将醉驾入刑本身就已经突出了其严重程度，就不应当因为其已经入刑，再无限地拔高其严重程度，甚至超越醉驾之后的结果犯。

醉驾再严重，也不应超越醉驾所引起的交通肇事罪。

作为危险驾驶的醉驾就是因为其还没有严重结果，有些甚至什么结果都没有，完全是因路检而查获，有些甚至只是在挪车。这些行为给交通安全带来的风险不管有多大，一定都不会比造成人员死伤的交通肇事的风险大。

事实上，危险驾驶只是交通肇事的前行为，即没有发生结果的行为或者说是可能性，而可能性的危害自然无法与实际的危害结果相比。这也是比照交通肇事罪低一档次设置起刑点的原因，这就是"可能"与"结果"的差别。

但是我们知道，喝酒是故意的，喝完酒又开车，也是故意的。我们就误以为酒后驾车所造成的事故也是故意的，对死伤结果也是故意的。即使还没有发生结果，对交通安全造成的风险也是故意的。

这样，大家对交通事故的痛恨就无限地发泄到危险驾驶身上，就希望通过提高刑罚，让人酒后不再开车，让开车的人不再喝酒，从而实现零酒驾的状态。虽然这是几乎不可能实现的，但这种愿望是善良的，也是从保护公众生命安全的角度出发的。

交通肇事罪的设置本身也是保护生命安全，但它理智地与故意犯罪在刑罚上拉开了差距。因为立法者知道善良的意愿并不能解决问题，因为他们往往只看到了事物的一个方面。

我们痛恨醉驾，但是无证驾驶不也是同样危险吗？闯红灯一样也可以撞死人啊。

我们还要知道，无证驾驶和闯红灯都是故意和明知的啊，但他们的目的并不是制造交通事故、制造死伤的结果，他们就是疏忽大意或者过于自信了。

这本质上与醉驾者没有什么不同，行为人都以为自己可以掌控驾驶，都只是为了赶时间、图方便而忽视了交通规则。

对醉驾普遍痛恨的民意，已经将其入刑，使其在交通隐患之王的位置上稳定下来。但隐患不应夸大为实害本身，痛恨作为一种情感不能任意干扰刑罚体系的排序，这也无助于问题的解决。

重刑主义本质上是单一维度的思维方式，以为刑罚可以包打天下，刑罚可以解决所有问题，而没有充分考虑犯罪的成因、犯罪与社会的关系、刑罚确定的体系化。同时，这也是一种意愿性的思维方式，是把愿望当作现实，用感性代替理性，以静态代替动态，不计后果任性而为。如果唯结果论、不问青红皂白是一种机械执法，那这种唯愿望论的重刑主义就是一种机械立法模式。

司法解释的"法典化"是不是好事？

司法解释越来越厚实了，但这到底是不是好事？这需要我们认真思考。

我们都知道的罪刑法定原则，其实是一个法律程序原则。它的意思是罪和刑的设定需要由立法程序完成，其他程序不能替代。不能根据司法官的自行理解创设罪名，也不能由司法机关通过解释的方式生成罪名。这就是罪刑的设计流程，不能违背。

我们一直都批评重实体轻程序，但对于这个立法性的程序问题，我们总体上坚持得还是挺好的。

也有很多人批评，刑法的修改过于频繁，刑法的修正案已经多达 11 个，远远超过了刑事诉讼法的修改频次，有些立法内容过于迎合公众一时的呼声。先不管立法的内容怎么样，单就对程序的法治态度而言，还是端正的。宁可这么劳心费神，这么兴师动众，这么容易引起争议，也要一而再再而三地通过立法程序来完善罪刑体系，坚决不为了图省事就通过司法解释，或者让司法官"灵活"理解适用的方式来扩大化地解释罪刑体系。

在这个问题上，我觉得实体法学者更有程序意识。

反倒是将程序正义作为基本使命的诉讼法学方面，没有如此强烈的程序意识。

1996 年《刑事诉讼法》大修之后，只在 2012 年和 2018 年进行了两次修改，与刑法修正的次数相比，这是一个惊人的差距。

是不是说《刑事诉讼法》一直比较完善，比较超前，比较能够适应时代的发展，不需要如此频繁的修改？其实并不是。

我们都知道，很多冤假错案和司法顽疾都来自于程序，这也是为什么重实体轻程序成为多年来普遍公认的司法问题。

既然知道了这个病因，为什么不亡羊补牢，将程序法律体系好好完善起来？近年来所推行的以审判为中心的诉讼制度改革就体现了这种意识，就是加强程序的完善，让司法程序能够发挥作用。

事实上，程序法还承担了一项历史的使命，那就是让司法从潜规则中摆脱出来，走向明规则的过程，也就是使司法真正成为司法。这是司法文明的一个标志。

所以程序法的任务很重，但却没有充分担当起来。原因很多，其中有一个最根本的就是程序法定的意识没有树立起来，没有将程序法定作为基本原则确立起来，就像实体法上的"罪刑法定"一样。

虽然《刑事诉讼法》第6条表达了相似的内容，那就是"人民法院、人民检察院和公安机关进行刑事诉讼，必须依靠群众，必须以事实为根据，以法律为准绳。""以法律为准绳"就是要以刑事实体法和程序法为准绳。

对实体法来说，就是"罪刑法定"原则，定罪一定要有刑法的依据，仅有司法解释是不够的。

对程序法来说，其实同理。进行刑事诉讼，一定要有《刑事诉讼法》的依据，仅有司法解释也是不够的。

但是在刑事诉讼当中，对这个"以法律为准绳"或者说"程序法定"原则，理解得还不够彻底。很多时候，大家都不是以《刑事诉讼法》为依据，而是以《刑事诉讼法》的解释为依据，而这些解释越来越复杂化，有些解释整章整段的内容，根本就没有《刑事诉讼法》的依据。

对这种程序规则的适用和遵守，岂不是公然地架空了《刑事诉讼法》？岂不是公然违背了"以法律为准绳"的原则？就像"罪刑法定"肯定不是以司法解释为准的意思，"以法律为准绳"也一定不是以"以司法解释为准绳"的意思。但是现在越来越有点像这个意思了。

司法解释的不断"法典化"反而阻碍了《刑事诉讼法》的"法典化"进程，甚至使后者显得多余了。

2012年和2018年的《刑事诉讼法》修改，都以《人民检察院刑事诉讼规则》和最高人民法院《刑事诉讼法解释》更加"豪华"的大修为配套。

在其他的年份，司法解释还可以以单项的"解释""规定""意见"的形式出现，有些内容的复杂性一点也不简单。而每一个机关出台的有关《刑事诉讼法》的系统性解释的篇幅都要超过《刑事诉讼法》文本的一倍，如果两者相加就相当于刑事诉讼法文本的四倍。这还不算公安部出台的有关刑事诉讼规定。

这多出来许多倍的条文是不是都有刑事诉讼法的出处？

比如，最高人民法院的《刑事诉讼法解释》（2021 年版）第 11 章"单位犯罪案件的审理"的 12 个条文，就没有《刑事诉讼法》的依据。因为《刑事诉讼法》从未提过"单位犯罪"这 4 个字，虽然《刑法》提到了单位犯罪，但并不是在程序的内容。而且这毕竟是关于《刑事诉讼法》的解释，既然《刑事诉讼法》没有规定，那又如何无中生有地进行解释呢？

还有，《人民检察院刑事诉讼规则》第 10 章第 6 节规定的核准追诉程序，《刑事诉讼法》里也从来没有出现过。《刑法》虽然进行了原则性的规定，但具体程序是不便展开的。难道作为刑事诉讼程序的一部分不应该在《刑事诉讼法》中展开，才能叫作"以法律为准绳"吗？否则这个"准绳"的"绳"在哪儿？

还有，上述解释和规则里都规定的"撤回起诉"制度，《刑事诉讼法》里根本就没有规定，是《刑事诉讼法》疏忽了吗？其实并不是，《刑事诉讼法》对"撤回抗诉""撤回自诉"都有规定，但就是没有规定"撤回起诉"，可见应该是有意为之。既然是没有规定，那为什么这种制度能够被凭空创设而普遍性地行使，"准绳"在哪里？

更不要说，曾经的"撤回移送审查起诉"的制度了。不仅是《刑事诉讼法》没有规定，更是被《人民检察院刑事诉讼规则》修改而废止，但实践中怎么还是能够作为一种结案方式呢？这个"准绳"到底是什么呢？

这些疑问，归结起来，就是程序到底有没有刚性，有没有严肃性，是不是应该由法律设定？

追人刑责，断人清白，甚至要人性命的程序，怎么能不由法律规定？这个道理难道不应该与"罪刑法定"原则一样吗？

但是很多人就是不懂，并通过所谓配套性司法解释的方式，实现了对刑事诉讼程序制度的"架空"，名为"解释"实为法律制度的"创设"。

虽然很多细枝末节上看起来也没什么，而且好像还挺好用，有着专业主义的某种"贴心"。而且确实能够极大地节约立法成本，不用像实体法一样劳心费神地多次进行修改。但是却会带来三大潜在隐患：

一是权威性不足。司法机关再权威，与立法机关相比还是存在很大差距。而且立法机关通过代议制的方式凝聚全民共识，所以立法能够代表国家意志，在这一点上司法机关还不具有可比性。此外，从出台程序的严谨性上看，立法程序远超司法程序。而出台的权威性差异会直接导致执行力度和效力上的巨大差异。出台权威性的缺失会使程序规则先天低人一头，所以也不能完全怪别人重实体轻程序，这是因为出台机构的位阶本身就存在巨大的差异。如果希望别人重视程序，自己首先就要重视程序，就要让立法机关来完善诉讼制度。

二是路径依赖。能用司法解释搞定的，就不想用更加麻烦的立法制度了，这就会形成一种路径依赖。《刑事诉讼法》本来应该加以规定的制度，由于已经有司法解释了，而且用了好多年了，就没有人想着再到《刑事诉讼法》上完善一番了，觉得完全没有这个必要了。这就导致很多刑事诉讼制度的法律空白常年得不到完善，就比如前文提到的"单位犯罪诉讼程序""核准追诉制度""撤回起诉"制度，等等。但是这显然是重要的诉讼制度，如果一直没有法律制度，也就相当于一直没有"准绳"，一直处于灰色地带。

这种灰色地带是一种不健康的法治领地，容易滋生法律问题。包括近年来流行的"刑拘直诉"制度，它是与刑事诉讼制度直接相冲突的，但是由于这种灰色地带的普遍存在，就会导致灰色地带越来越大，从而导致法律这个"准绳"变得越来越没有意义，进而产生了程序虚无主义的倾向。而程序虚无主义，最终会走向法治的虚无主义。

三是司法解释无法超脱部门利益。司法机关再公正，它仍然也只是一个部门，难以逃脱部门立法的局限性。尤其是这个规则就是自己在用，那自然而然地就会从便利自身的角度进行一些解释，这是难以避免的。这也是立法与司法要相互区别的原因；这也是司法解释不能创设法律的原因。司法解释不同程度地都存在类似的问题，目前尤其以诉讼法的解释最为严重。

很多人可能忽视了程序的重要性，认为程序只是一些具体的技术性的细节，不涉及重大利益的界分，似乎可以给予司法机关一些自由处置的权力：这无非就是流程。

这么说的话，"罪刑法定"无非也就是一个流程，"无罪推定"无非也就是一个流程。冤假错案的失守几乎都出在了所谓的"流程"上。一切的程序性规定都关乎权力以及权力的运用，虽然不是宏观意义上的利益界分，却关乎微观意义上利益界分，涉及每一个案件的公平正义，以及民众对于公平正义的观感。这不仅关乎实体，也关乎程序；不仅关乎微观，也关乎由微观组成的宏观；不仅关乎理性，也关乎感性和感受。

这是公众可以直接触及，可以直接感受，可以直接打交道的具体制度安排。这个制度安排一旦出现问题，司法产品就要面临被批量"召回"的风险。

所以程序问题看似细微、琐碎、无足轻重，实则关乎法律制度的具体落实，关乎法治目标的实现方式，不容有失，更不能轻慢。

因此，司法解释的"法典化"看似美好，实则危机重重，应该引起高度警惕。

精神茧房与媒介选择

微信十年，蚂蚁暂缓上市，互联网反垄断呼声渐起。

但这十年，正是传播媒介变得日益丰富，自媒体蓬勃发展的十年。

我们有更多的选择，但似乎我们又没有太多的选择，因为每一次选择都会成为算法移动推送的参考，从而被日益同质化的信息包围。虽然我们也会很开心，很满足。

拿自己举例，我自以为还是有一些自控力的，也仍然会在地铁里，在空闲下来的任何一点时间，不由自主地刷一下朋友圈。虽然这个朋友圈，能够看到的都是非常雷同的信息，即使刷屏的大多只限于法律类的公众号文章。

我也知道，现在更多的人在用抖音，那里有更加强有力的算法推送，会让你被自己喜欢的短视频紧紧包围。我很少用抖音，一是我仍然更偏爱文字，我忍受不了短视频的简单化表达；二是我对智能推送有一种本能的警惕。智能推送将会让精神茧房效应强化。我也怕进去了出不来。

社交推送也是一样的，它也会限定我们的认知视野，因此我会用书和杂志等传统媒介进行对冲。

即使这样，我对书的选择一样也逃离不了社交推送，逃离不了算法推送。

我虽然也被书包围，但这些书也是一座精神茧房，只不过更为厚重。

我以前很习惯去书店逛逛，因为在那里你会不经意地遇到一些有意思的好书，就像一场精神的邂逅，别有洞天，好不欢喜。这些书可能上不了什么排行榜单，它们甚至就是由于滞销降价，才吸引了我的注意力，才让我承受得起。但是它有一种不确定的快感，也帮助我拓宽了自己的边界。

但是现在，我很难逃避排行榜单，也很难躲开各种推荐，在平台上的"邂逅"都是通过算法完成的。而算法推荐在本质上是一种广告，对那些畅销书更加有利，本质上还是追逐利润的工具。

即使如此，我也收罗了多到看不完的好书，我也知道即使这些书让我失去了邂逅的快感，长时间的深度阅读也一定对我深入的思考有帮助。

而且通过一本书来认识其他的书，通过阅读来拓展认知的边界，也会更有意义。

只是我还是会分配出不少的时间，贪恋地看看手机，浏览一些碎片化的信息，虽然有效性并不高，可能偶有惊喜，但是惊喜越来越少。

我也知道，如果努力寻找，也还是可以搜索到很多有趣的内容的，即使类型非常小众，观点非常新奇——的确有很多网络奇文也会让我怦然心动，但是却让我越来越不兴奋。

虽然我也会定期在公众号发文，但也并不兴奋了。

不得不承认，自媒体确实已经过了那个百花齐放的季节，大家对自媒体已经习以为常，已经见怪不怪了，或者说对它们的感觉已经和对主流媒体没有什么两样了。因为我们也是通过公众号这种形式阅读官方媒体的报道，官方媒体与其他自媒体从形式上看也没有什么太大的差别，而且阅读量上也没有什么差别，都是有多有少。

当然，在内容、形式和权威性上，二者肯定是有差别的，有趣的是，我们对它们的态度越来越平等。这是自媒体从崛起到与主流媒体实现融合的过程，也是主流媒介主动拥抱了新的传播形式的过程。

新的传播形式是更加平等和开放的，但是由于可选择性，让受众慢慢地分化为不同的群落。我们有选择了，但我们也越来越无法逃离自己的选择。

我们总归是被自己的惰性绊住了，根本怨不得自媒体，也怨不得人工智能。

好在我们还有一个很重要的武器，叫作审美疲劳。

比如刷腻了朋友圈的人就会去刷抖音，我想抖音刷时间长了也会刷腻的，刷腻了以后，就有新的媒介出来；就会有一些精神从茧房飞出来，飞去其他的茧房，但终归还是有跳跃的自由。只是也还是会有新的适应与新的不适，有一个从新鲜到平淡的演变过程。

这个审美的疲劳，就是本能的挣脱，是一种探索的欲望。

事实上，我们在抱怨这个现状的同时也必须感谢这些创造茧房的平台，因为这些茧房的创造必须是以海量的信息提供为前提的，这个海量的信息提供了一种极多人有极多选择的状态。这是一种海量的精神创造，它是一种创作的自由。

精神茧房的不自由建立在创作自由的基础之上，因为只有极为庞大的可随意挑选的内容，才会让你在不知不觉之间，在拼命选择之间，还能够被紧紧包裹。这种被茧房包裹的快乐和满足，也是一种精神消费，为了这些满足所进行创作的人，就是精神产品的创造者。

平台在这个过程中发挥的是制定规则、提供空间、对创作者提供鼓励和支持、对流量的使用收取必要资费并开发衍生商业服务的功能，平台在这里具备了很大的公共属性，所以将它称作社会运行的基础设施一点也不为过。就像许知远所言，平台正在发挥着这一代人数字化迁移的功能。

之所以不兴奋，是因为我们已经不是新移民了，我们已经习惯了这种数字化的生活方式，所谓的碎片化是我们不得不付出的代价，或者不得不适应的生活节奏。精神茧房的存在丝毫也怪不得别人，因为那都是我自己亲手编织的，那就是我们自己的意义边界，但是选择权总是掌握在自己手里。

造梦者不会在梦中。

为什么说证据问题是难以讨论的？

专家论证会很少讨论证据问题，检委会、审委会讨论证据问题的时候也是最崩溃的时候，为什么？

因为说不清。

那为什么说不清？因为这里有严重的信息不对称，几乎是永恒的信息不对称。要想达到信息对称状态，就要完成所有的审查环节，相当于把案子再办一遍。这就相当于你必须是合议庭成员或者陪审团成员，否则你的讨论所依据的信息都是不对称的。

别的不说，检委会成员、审委会成员在讨论案件时会看卷宗吗？基本不看，很少看。主要是看上会报告，这个上会报告一般比正常的审查报告还要短，而且有些检委会、审委会成员有可能连这个也未必看。他们主要是现场听，但是汇报的时间非常有限，不能充分展开。而且汇报的角度是经过选择的，提供的证据是经过筛选的，叙述的事实是经过主观判断的，这些过滤的"二手信息"难以概括案件的全貌。

缩短的时间和精简的流程就是强迫你去压缩，但是证据是很难压缩的。你认为没有必要的证据可能恰恰是极为重要的，甚至可能是影响案件走向的证据。每个人对关键证据的判断是不一样的。为了简练，也会压缩掉一些冗余的证据细节，但是这些证据细节很多是不可或缺的，即使看起来没有那么关键。有了这些细节与没有这些细节，一个证据给人的感觉就不一样了。证据之间的联系，也就是证据链如何结合，如何判断它们之间的逻辑关系，带着不同的司法观念和司法经验，所看到的也完全不同。

这些因素导致证据有一种不可归纳性，或者说是不可压缩性。一旦压缩就会失真，一旦失真，讨论的基础就没有了，甚至就不再具有讨论的意义。

即使每个人都看了卷宗，每个人都尽全力了解了案件的细节，也还是不能做到信息完全对称。因为证据并不仅仅以卷宗的形式构成的，它还有很多形式是体验性的。

比如提讯，我见过的嫌疑人本人和你通过提讯笔录了解的完全不是一个概念；即使你看了我提讯的录像，也无法达到我的认知程度，因为我们还交换过眼神，我还感受过现场的气氛，我还观察过嫌疑人的微表情。

开庭的经历更是难以取代。虽然庭审普遍有监控录像，但是这个录像也只是一种单一视角的认知维度，你看不到这个人说话时其他人的反应，包括被告人的反应以及各方诉讼参与人的反应。任何录像，包括 VR 技术，都难以实现这种沉浸性的体验。

这些通过体验所获得的对证据的认知，是难以用语言表达出来的。因为语言是具有局限性的，汇报和报告是具有选择性的。这也是为什么司法官一定要强调亲历性的原因。因为人对证据的感受，甚至包括人对人的感受是无法做到完全还原的。

这些不可精简、不可归纳、不可言说的特性，就是证据问题的不可讨论性。

但是我们总还是在讨论证据，尤其是还匆匆忙忙地讨论证据。面对这种强大的信息不对称的现实，我们过于自信地在讨论中、在听取汇报中作出判断，我们自以为无所不能，无非是将权力当作真理。

这种任性是冤错案件的重要成因。

冤错案件很多时候是证据问题，而不是法律问题。而这种证据问题，很多时候是违背亲历性的证据判断法则的，错误就是在讨论中犯下的。甚至有些讨论还不遵循基本的讨论规则，还允许叙述没有证据支持的事实，也就是在"讲故事"，然后听者就"被忽悠"。

面对这样的规则，又怎能期望有好的结果？

所以我强调：证据问题不具可讨论性。不是有没有权利讨论的问题，是根本没有办法讨论，不能在没有全面了解案件信息、没有亲身体验办案过程的情况下进行讨论。也就是说没有调查就没有发言权。没有这些调查，不愿做同样的调查，就没有发言权。

只有在那些有同样办案经历的人之间才可以讨论，那些是办案组的成员，合议庭的成员，只有他们可以进行真正意义的讨论。

其他形式的讨论因为听汇报的人不具备相同的经历，他们的意见只能具有参考意义，不能据以作出决策。可以像司法官联席会议那样，作为咨询和参考是可以的，但绝不能进行决策。

如果可以修改检委会和审委会议事规则的话，我建议不再将案件的事实和证据问题作为议题进行讨论。更不要妄图就证据和事实问题对案件进行指导。即使同样是看卷，但是如果不用出庭，不用承担司法责任，那效果也完全不同。

有的人喜欢将别人的案件当作自己的案件，却把自己的案件当作别人的案件来办。这是因为他知道自己办案所承担的司法压力，所付出的时间和精力完全不同。最好还是多操心自己的案件，少操心别人的案件，因为这才符合基本的认知规律。

因为在别人的案件里，你是不具备相同的认知条件和认知压力的，再忙活也只是瞎操心，容易造成瞎指挥。这是一种伪工作，以貌似很忙的状态掩盖一种空虚。这种状态一试便知，比如你分给他几件真正需要办的案件，他马上会"叫唤"起来，因为他当然知道两者的区别。

与其如此，不如鼓励每个人都办好自己的案件，因为自己的案件，自己不好好办，是没人可以替代的。因为别人不具备这个认知条件，无法代替你，无法替你来体验这个案件。尤其是证据问题，它对外人来说都只是隔靴搔痒。

　　证据问题的不可讨论性不仅是基本的司法规律，也是认知规律。我们必须认识到现实世界中很多行为是不可替代的，骑自行车要自己骑、游泳要自己游；对孩子和家人的陪伴是不可替代的。生命的经历是不可替代的，没有经历我们就不会有成长，甚至不配说我们活过。

　　司法其实就是基于体验的判断权，只有躬身入局、体察真伪，才有资格断人清白、判人生死。

执法方便与区别对待

前不久，在一篇讨论危险驾驶的文章中，我提出在目前血液酒精含量的形式标准基础上，增加一些实质的标准，比如现场步态测试等。

有读者认为，这增加了执法难度，也会造成腐败。因为这个实质标准中增加了人的因素，人的因素多了就会增加腐败。

这似乎有道理。这也是机械执法的根源，那就是为了防止腐败，索性就"一刀切"吧。如果司法机关也是这个态度，那就会变成一律起诉，一律判决有罪。与之类似的，还有唯焦耳数，唯数额论，唯结果论，甚至是唯行为论，这也是产生气枪大妈案、于欢案、快递小哥案的原因，这种理念也是正当防卫一直无法彰显的思想来源。

这还是造成构罪即捕、凡捕必诉的根源。也许不是故意制造了冤假错案，但确实通过消极的方式放弃了司法的甄别职责，导致司法产品的粗制滥造，导致司法的不问青红皂白，很多时候甚至背离了社会的一般认知和常情常理，从而使司法不再讲理，公众也就不再信服。

就像危险驾驶罪一样，很多犯罪都会有一定的区分，这表明很多时候还需要执法者从主观上判断情节、恶意、社会危险性、人身危险性、法益侵害性，等等。

在每一次的判断过程中，都有一个价值选择的过程，不会是用刻度一量，到了 80mg/100ml 就够了那么简单。没有那么多非黑即白，很多时候都是一个灰色地带。就好比，民事欺诈与诈骗犯罪的区别，谁能用一个简单的标准立即区分出来？

这些"不好区分"，恰恰构成了社会生活的连续光谱，是从完全没问题，到可能有问题，到确实有问题的过渡。而我们的规则体系也不是尽善尽美的，也不能完全涵盖所有的行为。同样，对人的行为也不应当规定得这么机械，否则如何对待一些特殊情况，一些行为与行为、利益与利益、权利与权利之间交叉重叠的情况？

我们不愿意区分不同的情况，不愿意对行为进行实质化的判断，不愿意设置实质化的判断标准，表面上是为了提高效率，本质上就是为了执法方便，为了更省事。有的还为了抓更多人，从而提高单位时间的立案数，提高投入产出比。

但你可曾想过，这种高效的打击，是带有一定的盲目性的，比如对一些有一定驾驶控制能力，虽然喝酒但没有严重危害交通安全的行为也予以打击；将一些可以行政处罚的行为也当作犯罪来处理……实际上是把刑罚当作社会治理管理的常用工具，这本身就降低了刑罚功效，会造成刑罚的边际递减效应。

也有人说，之所以简单地以血液酒精含量为标准，那是因为公平。这种标准是建立在酒精影响效果均衡性的基础之上的，对每一个醉酒驾车的人都是公平的，这样也就防止了实质标准的含糊性。

但这显然不是事实，酒精对人所产生的影响是有显著差异的，而且这种差异不是个别的，是普遍存在的。面对这种普遍存在的差异性，"一刀切"采取 80mg/100ml 的标准反而是不公平的，有些时候是盲目打击了，有些时候是盲目放纵了，总之没有打击到点子上。正因此，这种打击的效果也被极大地削弱了，刑法期望保护的交通安全也没有得到应有的保护。这都是图执法方便造成的。

因为单独的数量标准带来了执法方便，所以对实质标准也就不再研究了，更不会对实质标准判断方式进行改良。执法变得容易了，但执法的效果始终没有得到改进。

公正不是唾手可得的。

公正需要在复杂性中找到平衡，而不是放弃复杂性。因为复杂性是今天的我们不得不面对的社会现实，而且社会的复杂性还在不断提高。

我们只能适应这种复杂性，而不是完全无视它，否则我们将在复杂性中迷失。抽刀断水水更流。我们必须找到应对复杂性的方法，建立动态的、个别化的、实质化的区分标准。

这些方法和标准确实可能滋生腐败，我们可以做的是尽量通过执法记录仪、人工智能辅助设备等来预防腐败和主观判断的随意性。我们不能因此就完全放弃人性化的执法方式。况且，如果要想腐败，即使是机械执法也可以找到漏洞，比如不开执法记录仪，不让吹气，等等。机械执法并不能预防腐败，却可能造成批量化的不近人情，不合常理。

造成这种结果的同时还浑然不觉，甚至还会理直气壮，因为这里隐藏着一种可怕的道德优越感。

为了执法方便而机械立法，为了打击方便而机械执法，为了配合迁就而机械司法，为了满足一时的目标而运动式执法，虽然可以满足一时的特定目标，实现一些数量化的结果，但却不容易得到更长远的法治信仰、公正的环境、对法治和规则的信赖，同时也失去了基于容错所进行的探索和创新，基于宽容而带来的友善与和谐，等等，很多很多。

这显然是短视的、得不偿失的。

而理解与体谅从来都是相互的。

办理与审理

　　办理与审理本来分别属于检、法关于司法责任的特定工作，只是由于办案方式不同，才有不同的表述。

　　审理的"审"，清晰地表明开庭诉讼完成审判工作的特定形式，虽然只是一个动词，但它设定了司法责任的边界。

　　那就是合议庭人员或者独任法官，亲历案件的审理，没有哪个人在不是合议庭人员的情况下，会声称自己审理过一个案件。即使你作为上级领导，指导过、督办过甚至审批过这个案件，但你绝不敢说你"审理"过这个案件。

　　所以审理者决定、裁判者负责是非常清晰的。

　　所谓审理，必须通过开庭的形式，经由直接的认知，最终在裁判文书署上自己的姓名，并对这个案件负有终身的责任。

　　这是一个清晰而明确的概念。

　　但是同样作为司法责任制体现的"办理"，就远远没有"审理"这么清晰。

这主要是因为检察机关职能比较复杂，以单一的出庭作为标志，并不能完全涵盖多种检察职能。因此就通过"办理"这个相对宽泛的概念统括性地描述检察官司法履职方式。

这种统括性也带来了含糊性。也就是它不仅可以把非诉讼形式的履职行为涵盖进来，甚至还可能将诉讼流程中的一个片段、一个事务环节、一份文书拆分成一件案件。本来只是一件诉讼案件中必须要完成的一些任务，现在这些个别的任务都成了案件，这其实是一种"灌水"行为。

我曾有幸参与了检察工作文书的清理工作，因为从事检察工作有一段时间了，知道一些文书的来龙去脉，有一些文书原来就是公诉环节的一份文书，但是后来到了别的条线，就以这个文书为主，再配一个审查报告就成了一个案子了。

我说，这不是通货膨胀吗？

后来理解了，如果不这么拆，这个部门就不能扩大自己的办案量。因为办案量是一切资源的基础。

这还不是最可怕的，因为这还算是司法行为，虽然它只是一个片段。最可怕的是，甚至还可以将原本不属于司法职能的指导、督促、信息传递、参与研究的行政化行为也混入司法概念之中。不客气地说，这就是一种掺假行为，这会让"司法办案"这个概念变味的。

有些人是通过打电话对一些案件提供了意见，就敢说他办理了某某大案要案。

有些人是看过报告、查过法条了，并对请示报告提供了倾向性意见，于是就更加理直气壮地说自己办理过这些案件。

还有些人说自己参加了某某专案组，阅过卷了，共同讨论过案件的处理意见了，那就可以更加自豪地声称自己参与办理了这些案件。显然没有人会监督他阅卷的程度，衡量他提供意见的价值，这是因为他不用对这个案件承担最终的责任。

如果一个案件出问题了，要追责了，他一定会声称自己不是这个案件的承办人，他只是"指导"而已，他对证据事实不了解，甚至被承办人的意见误导了，因为承办人才要对证据、事实的认定承担最终的责任，对案件的处理结果承担最终的责任。

在有问题的时候，你会发现他很会进行切割。这表明他心里非常清楚办理的真实含义，虽然这个词与审理没有本质的区别，它们都体现了司法属性和司法责任。

和审理一样，办理的本质是履行司法行为，包括阅卷、提讯、询问被害人、出庭、起草法律文书……同样的，它也是经由直接的认知，通过诉讼的、司法的形式，在法律文书和工作文书署上自己的姓名，并对这个案件负有终身的责任。

所以，办案绝不仅仅是阅卷，并不是只要阅卷就意味着办理了一件案件，还要看阅卷之后是否还要履行法定的职责，承担法律责任。不用承担责任的阅卷，就不是真正的办案，因为此时的责任是可以切割和回避的，不是法定的。

在享受荣誉的时候，在描述自己的司法业绩的时候，他会声称自己参与办理了案件，也是专案组的成员。但是一旦出问题的时候，他就可以全身而退，把责任完全推给承办人。

既然不必承担责任，就不应该索要荣誉。因为责权利是一致的。

没有真正的责任，就不会产生真正的责任感。

我们虽然知道这种情况的存在，但是很难解决。我们很难将那些不要责任，只要利益的欲望赶走，我们没有形成像"审理"那样清晰明确边界的共识。有时候，我们还会故意将"办理"的概念模糊化，从而方便在荣誉和利益面前和稀泥，从而让人人都有份。一到立功受奖的时候，就感觉人特别多，很多人并不是真正的"办理者"，他们知道自己不是案件的承办人，但是他们很想要承办人的荣誉，但完全不想要承办人的责任。

对这种事情的迁就，以及通过迁就形成的荣誉分配机制，是在稀释真正的荣誉。这种稀释是从稀释"办理"这个词的含义开始的。

荣誉一旦被稀释，就会变得缺少激励性，让真正承担责任的人寒心，责任无人分担，荣誉被无数人争抢。而那些只有荣誉没有责任的"办理"则成了最美的差事，那些只有责任没有荣誉的真正的办案就成了一种苦役，这必将形成一种逆向激励机制，让真正的办案人失望。他们是无力驱离这些篡夺者的，甚至如果表现出一丝一毫的不满都会被批评为"格局不够大"。

这种失望、无奈会累积成为一种氛围和潜规则，以至于在每一次制度改革中都难以根除，甚至愈演愈烈，最终塑造出司法属性不强、司法职能不彰的文化范围，导致公众形象的模糊。

树立清晰的形象，明确司法职能的边界，建立正向的激励机制，营造健康的司法职业氛围，一切都要从严格界定"办理"的含义开始。

司法错误与司法责任

不起诉之后再行起诉的，是否需要撤销原不起诉决定？

这个看起来不是问题的问题，却蕴含了更深的问题。

从法律直觉来看，应该撤销，否则一个生效的不起诉决定和起诉决定如何并存？

但是，如果没有撤销而再行起诉是否就一定是错的？或者有什么可以阻止再次起诉的发生？

好像这就有点说不清了。

实践中真的就有，之前的存疑不起诉决定，没有撤销，就直接提起了公诉。

理由是当初的不起诉没错，只是发现了新证据，所以当初的不起诉没错，今天的起诉也没错。总之都没错。

但所谓的新证据，是实实在在的新证据，还是又录了几次口供而已？又有谁来分辨？

关键是是否要撤销原有的不起诉决定，确实没有硬性的规定。

关于撤销原不起诉决定主要指的是经公安机关的复议复核或者经当事人的申诉，在较短的诉讼期限内作出的决定。

当然，上级检察机关也有权撤销下级检察机关的不起诉决定，本院发现不起诉决定确有错误，符合起诉条件的，应当撤销不起诉决定，提起公诉。

但这里有个前提，就是要认定之前的不起诉决定是错误的，而错误意味着责任，意味着负面评价。它们不仅是个人的，也是单位的。

除非是硬性的，硬伤，否则这个错误都有可以解释的空间。

比如，证据发生了变化，新的证据出现，但是这个"新"的程度、"新"的内容、"新"的分量都没有人约束，即便《刑事诉讼法》和《刑事诉讼规则》，也没有规定"新证据"这个理由。

这个理由是在语意的缝隙中找出来的，它实际上是把主观的过错与客观的错误相混淆，因为当时新证据没有出现，主观上没有故意错误认定，所以当时的不起诉不用承担责任，也就是不起诉决定没有过错，因为没有过错也就没有必要纠正。

但是大家可以想一下，如果一个判决有罪，现在有了新证据，应该判无罪，会因为当初的法官没有过错，判有罪没有责任，就不用撤销原来的有罪判决吗？显然不可能。

正因此，你能说当初的不起诉没有过错，现在要来起诉，就不用撤销不起诉决定吗？显然也一样是荒谬的。

这里面的错误是指，从现在的情况来看，这个不起诉结论错了，而不是从当初的实际情况来看这个不起诉结论就是错的。那么，认定这个"不起诉是错的"的基本后果，就是要纠正这个挡在前面的不起诉决定。

当初检察官有没有主观的过错和责任？这是另外的问题。

就像无罪判决也未必一定要追究公诉人的责任，那今天认定不起诉错误，撤销不起诉决定也未必一定要追究之前公诉人的责任。就像捕后不诉一样，自己纠正了自己的错误，就一定要承担责任吗？不必然。

因为责任的认定要遵循主客观相一致原则，客观上有错误的行为，主观上也要有相应的过错才能认定负有司法责任，这与刑事责任的判定是一致的。

当然，刑事责任的追究有比较严格的程序和系统的法律规范，已经比较成熟了。

但是司法责任的追究远远没有那么成熟和规范，就比如我们司空见惯的无罪推定原则，在司法责任的判断上就没有普遍地得到落实，以结果归责、客观归责的情况非常常见。

只要是无罪就是你有责任，不起诉被撤销就是你有问题，都认定你不起诉确有错误了，还能以为自己没有错误吗？

这种把不起诉错误等同于检察官错误的情况，就导致了为了避免被简单化归责，而连客观结论的错误也不愿意承担的尴尬局面。

是我们真的分不清什么是客观上错了，什么是主观上错了吗？还是我们根本就不愿意区分？

归根结底是因为判断刑事责任的方式是司法的方式和诉讼的方式，而判断司法责任的方式是行政化的方式、行政命令的方式。

对司法责任的"审判"没有诉讼程序的保障。

这种"审判"没有无罪推定，没有举证责任的分配，没有控审分离，没有控辩平等，没有中立的裁判者，经常是一名内部人员通过复查、调查、了解情况之后，向领导请示汇报决定。其间没有公开的审判，没有充分的辩护和主张。指控者和裁判者都是同一人。

所以你如何主张司法责任判定的公正？它根本就没有程序正义的保障。

司法责任最大的悲哀，就是由行政程序作出"最终裁决"。不是说某个个人的素质和性格有问题，而是没有严格的程序保障，主观恣意就无法受到约束。公正都无法保障，内部的机械执法，以结果归责的情况就更是屡见不鲜。

这就构成了司法机关集体的恐惧。虽然有些错误是无心之失，是完全意外的，不需要任何人承担责任，只是需要及时纠正就可以了。但是因为害怕被归责，他们连错误本身都不愿意纠正了，这将使司法丧失自我纠错的机会，无法实现自我的进化和完善。

任何组织都不可能不犯错误，知错能改善莫大焉，这是当事人和司法机关双赢的局面。正视问题、解决问题，才能赢得真正的公信力，也才能提升司法人员的素质。

但现在是有错的也不承认，即使被人发现了也不改，而是找个理由躲过去。那要是没有被人发现呢？那就更不会改了。当事人申诉也是能不改就不改，除非有特殊安排、特殊渠道强压下来，否则坚决不改，即使改了也坚决不会承认这是一个错误。

对司法责任的恐惧阻碍了司法错误的及时纠正。

这是一个恶性循环，因为害怕被随意追责，最后连客观错误都不承认了，更不想去发现错误，就这样一直滑下去，滑向自我逃避、自我麻醉、自我欺骗的谷底。

从这个谷底走出来的通道，就是司法责任判定的诉讼化改造。司法责任的追究必须建立严格的内部流程、证据规则，有责任嫌疑的司法官可以聘请律师进行辩护，必须由相对中立的惩戒委员会进行裁决，并能以适当公开透明的方式进行，从而避免责任追究的随意化、机械化，并将客观的错误与主观的责任区分开。

只有建立了系统内讲道理的归责机制，形成容错氛围，司法官才能真正敢于行使职责，才敢于担当责任，也才敢于承认司法决定的错误，并大胆而及时地进行自我纠正。

只有那个时候，司法官才会变得从容而豁达，司法也才会绽放出更多的人性光辉。

辩护人与辩护律师的区别

实践中，经常有人将辩护人与辩护律师混淆，但二者并不是一回事。根据《刑事诉讼法》第 33 条的规定，人民团体或者犯罪嫌疑人、被告人所在单位推荐的人；犯罪嫌疑人、被告人的监护人、亲友，也可以担任辩护人。当然也有些除外的情形。

也就是说没有律师资格的普通公民也可以担任辩护人，辩护人不必然是律师。

只是这种非律师的辩护人与辩护律师相比，在权利上有一定的差异，辩护人做有些工作是需要许可的，有些工作是他们不能做的。也就是非律师的辩护人在权利上是不完整的，辩护律师的权利是完整的。从另一个角度来看，这也是基于对律师专业素质和职业操守的信任。

就比如侦查阶段聘请的辩护人只能是律师，这是因为侦查阶段的秘密性，非律师的辩护人因为缺少行业规范、职业操守的约束，不能充分保障侦查秘密的安全。而律师虽然也有泄密的可能，但是由于他始终要吃法律这碗饭，其违法所要付出的是长期执业的风险，所以会有所忌惮，这就是违法的成本。正是这种巨大的违法成本，才促使律师能够更加有效地遵守职业纪律和道德。当然，这种遵守也不可能是绝对的，但总要好过偶尔为之的非律师辩护人。

非律师辩护人的最大问题，一个是非专业性；另一个是不容易约束和惩戒，他一般不是以此为业，因此很难纳入行业管理当中。对律师行之有效的职业惩戒措施，对其不容易产生约束力，主要就是由这种辩护行为的业余性决定的。如果你要惩罚他的主业，他肯定会忌惮，但他的主业可能与法律不相关，因此不容易予以规范。

不专业，不容易管理，就带来了某种程度的不信任。

这也是非律师辩护人的阅卷、会见都需要经过许可的原因。对于阅卷权，两高在司法解释中又有一些进一步的限定，比如最高法院的司法解释规定，对作为证据材料向人民法院移送的讯问录音录像，辩护律师申请查阅的，人民法院应当准许。这里就没有包括非律师的辩护人。最高检的《刑事诉讼规则》又规定，采取技术侦查措施收集的材料作为证据使用的，批准采取技术侦查措施的法律文书应当附卷，辩护律师可以依法查阅、摘抄、复制。这里也没有提到非律师的辩护人。

严格来说，两高的解释其实是不利于辩护权的限缩性解释，因为既然允许经许可而阅卷，那就是完整的阅卷，将讯问录音录像和技术侦查材料排除在外，就会导致非律师辩护人连证据都不能掌握完整，就无法履行基本的辩护职能。

这是在安全性与权利保障之间作了一个平衡，但这个平衡还有待斟酌，似乎在法律的框架下进行平衡更为稳妥。比如明确规定，司法机关可以对阅卷范围进行限定。否则的话，这种限定就是没有法律依据。因为如果从泄密的角度来说，除了这两部分证据，案卷中的很多证据都可以泄密，这些证据的关键程度和机密程度未必低于前述两部分证据。如果其他证据都可以查阅、摘抄、复制，唯独只限定这两个部分，意义不大，徒留口实。

有人会说，既然非律师辩护人的权利这么有限，干脆都请律师不就得了吗，为什么要费劲讨论这个问题？

这是因为法律行业的发展和经济社会条件还非常不平衡，律师主要集中分布在大城市和特大型城市，中小城市和乡镇地区的律师力量还非常有限，还不能完全满足需要，非律师的充任是没有办法的办法。而且，从具体情况来说，这些业余法律人员的水准未必是业余的，道德操守也未必就一定是可疑的，只是苦于缺少机制约束和行业规范。从这个意义上来说，对这些业余法律服务工作者予以规范管理，建立一些低于律师准入资格的准入门槛，可能是一个切实可行的办法。一旦获得这样的资格准入，就可以相对规范地进行管理，同时也便于拆除辩护权利行使的制度障碍。当然，这是另一个问题。

从目前的情况来看，非律师辩护人的存在是客观的，其数量也是不容忽视的，所以对其的权利保障，也是对辩护权保障不可分离的一部分。

还有一个值得探讨的是调查取证的问题，目前《刑事诉讼法》既不允许非律师辩护人直接调查取证，也不允许其申请司法机关进行调查取证，这个限定就有些过于僵化了。

如果说阅卷权、会见权是辩护的基础，那调查取证权就是辩护权的自然延伸。因为案件判定的基础是证据，现有的证据看到了，如果不充分，尤其是无罪和罪轻的证据没有获取，从而产生有罪推定的问题，将直接引发冤错案件的发生。这个时候的调查取证不仅是为方便辩护，也是在还原事实真相，是有利于案件的最终处理的。

如果说由于非法律出身不够专业，不给予其直接调查取证权也可以理解，但禁止其申请司法机关调查取证，就是不容易理解的了。这与保障诉讼权利、证据裁判法则、以审判为中心的诉讼制度改革方向也不一致，是相对保守的观念。

近年来，律师的辩护权呈现出不断强化的趋势，所谓保障辩护权也主要体现在保障辩护律师的辩护权，这也是律师群体不断崛起、同气相求、不断呼吁的结果。

非律师的辩护权由于缺少行业性的集体利益和呼吁，往往呈现一种缺少关注的状态，从辩护权一体保护的角度来看这是不应该的。他们虽然不是律师，但一样也是辩护人，一样也是在保障犯罪嫌疑人、被告人的合法权利。

除了前文提到的那些权利，非律师辩护人的其余的辩护权利和辩护律师相比是没有任何分别的：法庭上的发言并不会被限定，同样也可以在具结书上签字。但是辩护权是一个紧密相连的体系，缺少了一部分就不完整。你不让他完整阅卷，他就不知道完整的事实；没有完整的认知，就失去了完整履行辩护权的基础。缺少了这些认知基础，有效辩护就成了空谈。

在无法做到人人都可以聘请律师的情况下，非律师的辩护人就是辩护制度的重要补充，是辩护制度不可分割的组成部分，也同样是需要尊重和保护的。

在考虑对非专业辩护进行区别对待的时候，我们要考虑的是，对嫌疑人和被告人的权利是不能区别对待的，法律面前人人平等是最基本的法律原则，我们还必须考虑平等保护的问题。在区别的同时，我们要考虑的是如何弥合这种区别，比如将"完全禁止"修改为"经许可"，在不允许直接调取证据的同时可以允许"依申请"调取证据，对业余辩护人队伍也应该多加考虑行业准入和管理的问题，不是考虑"推出去"，而是考虑"拉进来"。

在没有人呼吁的时候，我们也要考虑沉默者的利益。

想当然已不能解决实践问题

司法实践发展得很快，很多时候问题已经突入无人区，单纯照搬域外理论已不能解决当下的实践问题。

现在越来越需要立足于本土实践的，原创性的法学理论来指引实践。这种理论可能并不属于任何一个法学流派，没有现成的理论支撑，也无案例可供参考。

这种发展速度的快速迭代，并非仅体现在司法领域。它代表的是社会经济环境的快速变迁。

以健康码解决疫情的人员管理问题是中国的原创，它根植于中国移动互联网技术的巨大基础设施，包括电商、社交平台、移动支付所储备的用户资源、实名认证等海量数据，以及长期的用户习惯。

而由此催生的"非羁码"用以解决取保候审的管理问题，为大幅度降低审前羁押率提供了原创性的中国方案，这也是中国独有的。它的背后是移动经济的蓬勃发展，社会管理模式的巨大变迁。

这没有现成的理论可以借鉴。

而这只是通过移动技术降低审前羁押率的方式之一，还有电子手铐，以及"非羁码"、电子手铐以及室内监控系统的整体电子监控方案，这些与"非羁码"一同构成了新型的强制措施体系。这些多种新型强制措施体系的运用，就可能将审前羁押率降低到50%以下，以后甚至会更低。

而这些是由检察机关推动主导的。

很早之前就有不少人批评，检察机关的批捕权缺少监督，这是造成高羁押率的重要原因。但正是掌握批捕权的检察机关近年来在大幅度推进降低审前羁押率，尤其是在捕诉一体之后审前羁押率下降得更加明显。

这好像与很多人的理解并不太一样。

有一种说法是，捕诉一体之后，"诉"很容易被"捕"捆绑，因为自己捕的如果自己不诉，不就是打自己脸吗？

但是真实的逻辑是，为了害怕打自己脸，反而会促进降低羁押率，因为这样可以避免把自己绑定了，防止自己给自己挖坑。只要不逮捕，那么诉与不诉的裁量权就更加自由了，可以最大限度地避免给自己造成捕后不诉的负面后果。

我们以为的绑定，在现实中基于趋利避害的本能，所产生的效果是恰恰相反的，但这却是真实的逻辑。

真实的逻辑是检察官并没有追诉冲动和羁押冲动，原来羁押率高，很多时候是因为取保候审缺少管理方法和手段造成的，是避免让诉讼失控而进行的不得已的选择。

现在通过移动技术的方式，在法治进步的道路上反而可以弯道超车，这与当年用支付宝解决社会信用体系不健全的问题何其相似？它们都是用中国的方式解决中国问题，其中的原创性是此前不曾有过的。

羁押成为例外之后，控辩平等、庭审实质化将水到渠成。羁押率的降低将成为以审判为中心的诉讼制度改革和司法文明化的基础设施。

还有一种观点担心认罪认罚大面积的展开，很容易造成冤假错案，会为了指标逼迫嫌疑人认罪认罚，以大幅度的优惠让嫌疑人承认其未曾犯下的罪行。

但是我问过几个人，如果有十年的嫌疑罪行，但是你没有干过，我说给你30%的从宽幅度，你愿意认下自己没有犯过的罪行吗？

没有人愿意。因为刑罚并不仅仅是不自由那么简单，刑罚是具有极大污名性的，甚至在招生、就业方面都有限制，自己的罪行甚至还会影响到子女。在这种情况下，谁会因为一点从宽的诱惑，就愿意自己咽下苦果？所以实践中很少发现有这种情况。

还有一种观点认为，检察机关起诉，法院很容易买单，从而会导致冤假错案畅通无阻。但是实践的情况并不是这样的。

虽然以审判为中心的诉讼制度改革和庭审实质化也没有完

全实现，但是有一点却是实现了，那就是检法博弈的效果，因为它们都想要更高的得票率。

不要说虚假的认罪认罚，就连我们认为正确的量刑建议，法院都不一定采纳，又怎么会采纳这种违法建议？法官并不会为检察官无原则地背书，他们是以一种挑剔的眼光来审视检察官的一举一动的。就连对上千件的上诉案件所提出的数十件抗诉案件，都会被法院批评为滥用抗诉权，更不要说弄出来一个虚假的认罪认罚。那一定会被挑出来当作负面典型的。这个我相信，很多检察官也相信，所以他们不会这样做。

而且所谓的指标只是对单位有意义，对检察官个人是没有太大意义的，反而是职业安全更重要吧，谁会为区区一个指标，甘愿冒可能毁掉职业生涯的风险？

这也是对实践的一种误读。

事实上，真正需要担心的可能是"顶包"问题，因为这些人自始就认罪，有些人还能说出细节，很多时候是防不胜防的。

但治理"顶包"不仅需要加强审查程序，对审查责任也应该有所区分，不能唯结果论。另外，对顶包者与被顶者的串谋破坏司法秩序和司法公信的行为，应该予以必要的惩罚，进一步就是要在刑法体系中加入对抽象法益的保护，需要对刑法与诉讼法体系进行一体化的研究和完善。

还有一个现象就是随着判决中可以引用指导案例、典型案例，"判例法"的法源地位已经被正式确立了。随着将判例作为司法业绩之后，法官队伍将迎来一批"造法潮"，也就是争抢办成指导案例和典型案例，在案例中创造微观的法律规则，这一趋势会变得不可阻挡，"判例法"会呈现指数级的增长态势。

不需要过上十年二十年，"判例法"就会呈现一种规模效应，"判例法"与成文法分庭抗礼的日子将不会遥远。

这些都是当下的现实，并呈现加速发展的态势。但我们的学术成果产出过程，则非常的漫长。花半年写完的论文，又花去一年半载才能发表，发表的时候观点都已经陈旧了，更不要说学术专著的出版，其周期更长。如果只是看这样的论文，甚至更早期的论文，那我们的观点就会非常陈旧，是从想当然到想当然。但这些当然无论怎么想，都不能反映当下真实的司法逻辑，也不能解决当下的问题。

当下的问题，还是需要我们自己去寻找答案。

第三章　程序

正当防卫前移至侦查环节的程序建构

"法不能向不法低头"连续三年被写入最高检工作报告，这也是张军检察长连续三年在传导正当防卫的理念。

但是这个理念传导得怎么样了？

2019年和2020年，全国各级检察机关因正当防卫不捕不诉819人，是前两年的2.8倍。

高检院还发布了遭遇暴力传销反击案、反抗强奸致施暴男死亡案、阻止不法侵害反击案、阻止非法暴力拆迁伤人案、遇他人寻衅滋事防卫案、保护家人免受侵害防卫案等6起正当防卫不捕不诉典型案例。

这在某种意义上也是将常见的正当防卫行为进行适当归类，发挥了判断标准的作用。

既然司法理念在持续地传导，那是否可以将正当防卫的判断标准尽量前移至侦查机关？这样能提高司法效率，尽快还人清白，让正义尽快得到实现，这样不是更好吗？

事实上，昆山反杀案就没有等到审查逮捕或者审查起诉再做处理，面对万众的关切，早一天作出决定，就会让公正早一天降临，让公众的正义诉求早一天得到满足。如果不及时处理，对当事人、对公众包括对司法机关而言都将是巨大的煎熬。多一天的等待都会让人感到时间的漫长，哪能非要等到刑拘时间期满提请批准逮捕再说？虽然都在法定的时间内处理，但这种对公众关注焦点和法律诉求的不及时回应，也必然影响司法机关的整体公信力。

因此，对正当防卫问题的及时处理确实是一个趋势。但是如何兼顾实体正义和程序正义，如何利用有限的司法资源满足更大的法治诉求，却并没有想象得那么容易。

因为正当防卫虽然是一个法律判断，但也是一个事实判断。这个判断就是侵害行为的严重性和紧迫性，以及防卫行为的及时性和必要性。这首先是证据和事实问题，在搞清楚证据和事实的基础之上，才是法律判断的问题。

在事实和证据判断问题上，一线的侦查人员更有优势，他们的亲历性更强，有些侦查人员就直接到过案发现场，他们接触到的都是第一手材料，有着更加强烈的感性认识。

既然如此，那制约侦查人员及时得出正当防卫结论的原因到底是什么呢？

1. 唯结果论的执法观

虽然连续三年强调正当防卫，两年来以正当防卫为由的不捕不诉也有800多人，但是与全国每年100万件案件的规模相比，还是杯水车薪，还是非常小概率的事件。

唯结果论还具有很强的普遍性，只要有伤害结果，就看谁的伤害结果重。这可能在很多案件中也是没错的，但在一些案件中，这样的判断模式就有点不问青红皂白了，就过于机械了。

这样机械性的处理方式并未都得以纠正，并不是所有案件都像昆山反杀案那样引起了如此大的关注。而且也不是所有的案件都有监控录像，即使有监控录像也不会都流到网上去。

缺少了外界舆论的压力，法有时候就会向不法低头，司法机关就有可能迁就于侦查机关，甚至可能一错到底。而侦查机关是在迁就被害方的压力。死亡结果、更重的伤情，就成为被害的标识，可以博取同情，可以引起关注，可以向司法机关施加压力——人都死了，侦查机关和司法机关竟然不处理，一定是在包庇坏人。而并不是每一起案件，都有完美的监控录像，可以把事件还原得一目了然，可以让公众平息疑虑和怒火。

唯结果论是一道简单的算术题，但正当防卫却是给自己出的一道难题，想要证明其中的合理性，比唯结果论定案要复杂十倍。并不是所有人都愿意付出这十倍的工作量，并承受被害方的信访压力，以及不明真相者的质疑。

2. 信息披露与公众接受度

　　这里说的是一种公众心理，容易将自己预设为被害人而予以同情，并设想自己也可能处于被害人的地位，因此被害人遭遇的不公就是自己遭遇的不公，从而产生一种情感共鸣。因为这种情感共鸣，就容易丧失是非判断的理智。而对被害人的判断，也只是根据被害信息来判断的，这表面上看起来是结果，但仍然也只是一种信息。

　　之所以昆山反杀案会有舆情的反转，就是通过视频让公众看到了，原来一忍再忍的嫌疑人才是真正的被害人，只是他反杀成功了。因为完整信息的披露，再加上其被确定为嫌疑人这个事实，反而构成他获得同情的基础。它激发了大家的一个常识性联想，那就是如果我遇到那个情形，我又能怎么办？这个自问自答的设问，让公众自发产生了同情心理。之后再清晰的事实描述，都无法超越那段录像的直接披露，因为那是真实和客观的记录。

　　面对全面的信息，公众可以得出合理的结论。但是还有很多案件，都不具备这个条件，没有监控录像，有录像也不敢披露。办案机关通常只是用非常简单的语言将事实叙述一下，这个事实中最详细的部分就是那个死亡或者重伤的结果，它会详细叙述鉴定的结论。至于犯罪的原因和过程,很少会得到详尽的披露。即使是起诉书也叙述得非常概括，更不要奢望侦查机关可以全面翔实地披露所有事实细节。

对于几乎看不到的特别详细的起因和过程，公众按照常理，自然会得出谁被打得重，谁受到的暴力侵害就多，谁就更弱势，对方就更强势的结论。可以说，案件信息通报的简单化，以为言多必失，不愿意披露视频证据，害怕引起舆情炒作等的担心，就构成了暴力案件信息披露的选择性、粗线条，从而产生误导公众和上级机关的效应。这使得公众容易因为案件结果及简单化的原因描述而引发错误联想，并据此对被害方施加了过多的，甚至是不当的同情。

在侦查机关和司法机关有选择地、谨慎地披露案件信息的同时，被害方却可能借助自媒体进行无限制发声，从而向公众呈现一边倒的"案件信息"，那必然是对被害方有利，而对嫌疑人不利的证据和描述。如果说公众是法官的话，那两方处于一种不平等的状态：一方是捆住手脚的；另一方却是不受约束的。在这样的情况下，你很难指望法官作出公平的判决。如果对正当防卫的判断可以前移，那就必须要解决好信息披露与公众接受度的问题。

3. 判断能力和判断程序

高检院公布的 6 起正当防卫案件中，其中有一起虽然有死亡结果，却是以过失致人死亡移送至检察院的，可见侦查机关已经意识到正当防卫的性质了。只是在是否拥有无限防卫权的问题上，判断得不够准确。这种要求对侦查机关来说，确实是有点苛责了，因为涉及无限防卫权，就不仅是证据事实的问题，更是刑法理论的应用问题了，这的确是检察机关更加擅长的。

对于这种微妙的判断，一早由侦查机关确定，不再移送过来，这样是否合适，也需要研究。但从其他 5 起案件来看，还都是以故意犯罪移送的，对正当防卫完全没有认识，确实暴露出在正当防卫的基础认识上还有很大的传导空间。这里可能也不仅仅是完全认识不到的问题，正如前文分析，也有可能是侦查机关认识到了这个问题，但是为了避免承担过重的侦查负担，或者害怕被害方和部分公众的压力，而把矛盾上交。也许有些与正当防卫有关的证据都已经取到了，甚至就在卷里，但就是不想在移送审查起诉意见中认定防卫性质，从而引火烧身。

我们也要承认，面对这种压力，检察机关和审判机关也是害怕的。应对的方法唯有更加审慎的处理，收集更加完整的证据，充分还原事实真相，通过公开听证等形式回应当事方诉求和社会关切，通过更加完整的法定程序，比如检委会讨论等，从而形成更加强大的抗压能力，赢得诉讼各方及公众的认同。

从这个意义上来说，前移处理必然会引起更多的关切，必须以适当的程序来予以回应，并且在侦查机关自身的判断能力之外还要引入检察机关的判断能力。这也是昆山反杀案给我们带来的启示，虽然是在侦查环节处理，却是在检察机关的提前介入和引导下，最终得出的结论。所以这个结论不仅有侦查机关的声音，也有检察机关的声音，同样也必然拥有两个机关的审慎判断程序，这就给结论的正当性加上了双保险。

因此，我建议，在重大复杂暴力犯罪案件中，一旦发现存在正当防卫，尤其是存在无限防卫权的判断的情况下，侦查机关一般应当邀请检察机关介入，为案件的最终处理提供专业的法律意见。只有这样才能确保判断能力充足，判断程序足够严谨，在确保公正的前提下，提高正当防卫的认定效率，早日还人清白。

具体来说，就是要构建一套"正当防卫审查程序"，作为正当防卫前移至侦查环节的判定程序。

（1）程序启动。有些案件在侦查环节就已经认识到存在正当防卫的可能，那当然就应该全面收集有罪和无罪证据。但考虑到直接作出撤案决定有很大的舆论压力，同时也有很大的判断难度，公安机关就可提请检察机关介入引导侦查，并对正当防卫问题作出判定意见。这个程序可以在《刑事诉讼法》中单独设定，有别于审查逮捕和审查起诉，可以命名为"正当防卫审查程序"。

在"正当防卫审查程序"中，经公安机关提请，检察机关可以进行审查，并提出判定意见，建议撤销案件，还是继续侦查。审查方法与审查逮捕的方法类似，但是可以提前至侦查启动后的任何时间，且结论具有一定的法律效力，从而将正当防卫的理念落实到侦查的源头。

不仅侦查机关有提请"正当防卫审查程序"的权利，也应当赋予犯罪嫌疑人和辩护人提请权，由检察机关审查判断是否启动。一旦启动，作出的决定公安机关就需要执行。

这实际上就是在以往弹性化、非正式的、建议性的介入引导侦查制度基础上，以正当防卫为内容进行了部分的刚性化、制度化改造，从而促使正当防卫在诉讼环节能够不被延误地及早落实，通过引入了检察判断又在一定程度上弥补了侦查机关法律判断能力的不足。

（2）程序实施。"正当防卫审查程序"的审查时间不能过长，以3~7天为宜。审查方法可以包括阅卷、提讯、询问等常规方法，但听证应该成为一种重要审查方式，从而提高审查的公开性和效率。考虑到侦查活动的秘密性，应该对案情公开的范围有一定的选择。在"正当防卫审查听证会"上，检察机关应当听取侦查人员、犯罪嫌疑人及其辩护人、被害人及其诉讼代理人的意见。但考虑到"正当防卫审查程序"的启动都具有一定的紧迫性，因此审查方式可以适当灵活。为了保证审查效率，可以在执法办案中心、看守所、检察机关办公区分别设置检察听证室，方便及时开展工作。

（3）程序处理。处理结论主要有两种，一种是建议撤案；另一种是继续侦查，并就侦查方向和内容提出建议。能够在"正当防卫审查程序"中就认定为正当防卫的，就没有必要等到审查逮捕和审查起诉环节再作结论。而且现在羁押率降低，很多案件并不羁押，等到侦查终结移送审查起诉再作结论，恐怕需要延宕很多时间，也错过了最佳的侦查时机，很多证据将难以获取，从而人为制造进退两难的"夹生案"，空耗很多诉讼时间，让嫌疑人和被害人背负巨大讼累，最后即使作出存疑不起诉处理，案件也还是会不清不楚，也不能让被不起诉人清清白白复归社会。这是"正当防卫审查程序"设立的意义所在，也就是在侦查环节发现存在正当防卫可能的，就要立即搞清楚，最好尽快得出结论。即使不能马上作出判定，也应该由检察机关向侦查机关提出明确、具体的继续侦查意见，从而保证有罪证据和无罪证据都能够得到及时充分收集，保证不枉不纵。

（4）信息发布。对于那些公众关切的"正当防卫"疑案，应该由检警联合召开案件信息发布会，就"正当防卫审查程序"发现的有必要发布且不易篡改的关键证据予以适当公开，比如监控录像、照片、痕迹及鉴定结论等。在案情发布时不能仅仅突出案件的结果，还应该最大可能地对案件原因和过程进行客观描述，从而使公众对案件的判断掌握全面信息。有利于司法机关与社会舆论的良性互动。

司法管辖权为什么要以审判为中心？

在侦查的时候，不管上级公安机关如何安排指定，即使当地的检察机关已经批捕了，甚至移送审查起诉了，但是只要法院没有确定指定管辖，这个案子就是送不出去，该在哪办就在哪办。

这里就要由检察机关向法院商请指定管辖，而且一定是有特定的理由，比如在犯罪地管辖有可能妨害司法公正需要回避的，肯定是要有一些特定的、法定的理由，而且原则上是一事一议。

因为地域管辖的基本原则就是以犯罪地为主，以被告人所在地为辅，总之要与案件有特定的关联性。完全没有关联性非要插进来，一般是不允许的。

这个看似没有什么特别之处，但其实是有深远考虑的。

因为案件本身也是资源，好案子、大案子来了，大家都抢，能够扬名立万，能够树立司法业绩，而那些难缠的案件，琐碎的案件，大家都想躲开。

如果没有一定的规则，那就会纷争不断，会破坏最基本的司法秩序。在争抢的过程中，有些案件被过度关注，有些案件却无法得到及时、应有的关注，导致司法行为的随意性，也必然损害司法的公正性。

事实上，有些侦查机关就习惯于指定管辖，下属单位甚至连立案的权力都没有，所有的案件资源都来自于上级的分配，这就很容易导致案件分配上的腐败。因为不同的案件基本上就决定了不同的业绩，从而决定了办案人不同的职业成长空间。

因此，过度依赖于指定管辖，就容易带来权力的过分集中，从而滋生腐败。

这也是地域管辖的基本规则，其实就是相关性。犯罪地，就意味着犯罪发生在这里，侵害行为发生在这里，与该地关联度最强。其次才是被告人所在地；最后是其他。

有了这个基本管辖确定规则，大家就容易各安其分，谁也别争，谁也别抢，该是谁的，就是谁的。这实际上就是不能挑肥拣瘦，管辖的基本规矩就是不能挑活儿，这样才能建立一种相对公平的分配机制。

当然，由于地域分布的差异，在案件量、案件难度、案件类型上还是会存在差异，但是这是基于地域属性的差异，是符合大家心理预期的，因此也是比较容易接受的。

比较不能够接受的就是人为地随意调拨案件，因为这里很难找到站得住脚的理由。

比如搞专业化，让一个地区专门审理一类案件，但是具体由哪一个地区审理哪类专业化的案件，就很难有一个公正性的标准，有招标的程序吗？肯定是没有的。

不同类型的专业化的案件的司法收益也是不同的：有些案件是受累不讨好的，有些却是比较容易出成绩的。那么，这些不同的专业案件如何确定花落谁家呢？有什么分配规则和机制吗？好像也没有，这就造成了大家认为的随意性。

好在，管辖权是以法院为中心的，侦查机关和检察机关一厢情愿确定的专业化意义并不大，因为只要法院不搞相对应的专业化，侦查机关和检察机关就专业不起来。

当然，只有在比较特殊的情况下，在公检法可以达成一致的情况下，确实可以确定某类案件由特定地区办理。这里所谓的一致同意，主要就是法院同意，只有法院同意才能确定相应的专业化。也就是不经指定管辖，而长期地偏离地域管辖原则，相当于批量的指定管辖。正因此，这种偏离才应该是不常见的，也应该是非常谨慎的。

因为地域管辖原则有着非常重要的价值，那就是分权。审判权应该是高度地域化的权力，不存在审判一体的原则，审判机关上下级是指导关系，而不是领导关系。

这是审判权的被动性决定的，它不能主动去干预，也不允许被干预，它只服从于法律，这样才能保证其公正性，才能保证司法的救济途径是有效的。

因为审判权具有终局性，这是侦查和检察都难以比拟的属性，不管前边是怎么折腾的，但是审判要一锤定音。这个一锤定音，不是发狠就行的，而必须高度透明，符合程序正义的原则——其中就包括管辖权原则，才能被信服和认可。

有不少案件就是因为管辖权而引发了舆情，更多的是因为不异地管辖无法保证审判公正。同样，没有关联性的管辖权，也容易引起公众猜疑：为何在此地审判？是否因为在此地审判可能获得不正当的利益，因而此地法院积极地争取到了管辖权？相关利益关系是否会对司法的公正性产生不利影响？是否能得到被告人及其家属，以及社会公众的信服和认可？只要猜忌在，所有的司法行为都难以获得信服。

管辖权的意义，在于它是公正性的源头，如果这个源头被污染，就难以指望后续的清白。

但是从另一个方面看，法院有时候也在搞专业化，而且因为管辖权的以审判为中心，有时也会滥用这个中心权力。有的时候今天还受理刑事案件呢，明天就说要改了，不再受理刑事案件了。但是还是根据以审判为中心的原则，法院不确定好下家，检察机关往哪里送案啊？自己找地方？

这显然也是非常不严肃的，这也是以审判为中心的权力的滥用。虽然审判为中心，但自己也是审不起来的，还是要相互协调，相互配合。

而且从管辖的基本原则来看，这样随意偏离地域管辖原则，是否合适？过度专业化是否也有权力集中、审判权被干预、司法资源分配不公平等问题？是不是会对审判公正造成潜在的隐患？

事实上，不仅是地域管辖，级别管辖也一样要以审判为中心。不管侦查和审查起诉的单位是哪一级，只要符合上级法院的审级，那就要由同级检察机关起诉过来，否则就不收。

级别管辖的标准主要是案件的严重性：一方面是刑期；另一方面是特定严重性质的案件，《刑事诉讼法》规定的就是危害国家安全和恐怖活动案件。实践中，有的还会人为拉高一些案件类型的审级。但是如何判定哪种案件可以拉高，其标准何在，也缺少研究，也就造成了一定的随意性。

另外，公益诉讼案件的门槛也整体偏高，一开始普遍地确定在中级人民法院管辖，就会导致同一案件事实的刑事部分在基层法院审理，民事公益诉讼部分在中级法院审理的怪现状。直到允许刑事附带民事公益诉讼案件一并都在基层法院审理才有所解决。

但既然刑事附带民事公益诉讼案件可以在基层院审理，那同样大小标的单独民事公益诉讼案件就要在中级法院审理，这样就带来了新的不对等。更不要说，如果没有公益两个字，单纯的民事诉讼案件，甚至标的更大一些的案件也完全可以在基层法院审理。

这样，人为拉高民事公益诉讼的审级门槛就给公益诉讼造成了很大的障碍，也浪费了过多的司法资源。

当然，这也是管辖权以审判为中心原则的又一体现。

总体来看，管辖权以审判为中心原则是有利于司法公正的，可以避免因为集中管辖、随意指定管辖等行政权对司法权的过度干预，有利于维护司法运行的基本秩序，它的透明性给了公众一种稳定的预期。但是在反对别人集中的同时，自己单方面搞集中，乾纲独断，也会破坏司法供应链的基本稳定性，并为审判权的独立性、被动性埋下潜在隐患。

因此，管辖权以审判为中心的原则应该坚持，但不能绝对化，更不应该被滥用。

二审检察机关是否可以提讯?

有时候就是怕较真儿。

有些关押特定嫌疑人的看守所换领导了,规矩也就跟着变了。原来二审检察机关都提讯得好好的,可能也是因为近来去的次数少了,这回一去反而说不让提了。

理由呢,就是《刑事诉讼法》只规定了二审检察机关可以阅卷,但并没有规定可以提讯。所以对不起,提不了。

翻开《刑事诉讼法》,还真是。

《刑事诉讼法》第 235 条规定:人民检察院提出抗诉的案件或者第二审人民法院开庭审理的公诉案件,同级人民检察院都应当派员出席法庭。第二审人民法院应当在决定开庭审理后及时通知人民检察院查阅案卷。人民检察院应当在一个月以内查阅完毕。人民检察院查阅案卷的时间不计入审理期限。

可以出庭,可以阅卷,就是没有规定提讯啊。再翻其他条款,二审检察机关的职责就没有了。

这就完了？光阅卷，不提讯，行吗？

但是确实没有提讯两个字啊。

阅卷是不是可以理解为包括提讯呢，是不是一种笼统的审查形式呢？看看一审公诉环节是怎么规定的，为什么一审就没问题呢？

《刑事诉讼法》第173条规定：人民检察院审查案件，应当讯问犯罪嫌疑人，听取辩护人或者值班律师、被害人及其诉讼代理人的意见，并记录在案。辩护人或者值班律师、被害人及其诉讼代理人提出书面意见的，应当附卷。

审查起诉的提讯要求写得清清楚楚，为什么就不能给二审写一条呢？

对了，这是《刑事诉讼法》特有的精简原则，既然一审有规定的，二审就不用规定得那么详细。因为《刑事诉讼法》第242条明确规定：第二审人民法院审判上诉或者抗诉案件的程序，除本章已有规定的以外，参照第一审程序的规定进行。

这个条款是不是就可以解决问题了？好像还不行。

因为《刑事诉讼法》第173条规定在第二编（立案、侦查和提起公诉）的第三章（提起公诉）里，而第一审程序是规定在第三编（审判）的第二章，两者不仅不是一章的，甚至都不是一编的，差得远了，根本用不上。而且检察机关的提讯工作也不能算审判工作啊。

现在不能说看守所的同志完全不讲道理了，《刑事诉讼法》

真是没有二审检察机关提讯的规定。从严格落实《刑事诉讼法》的角度来看，不给提讯也是有道理的，以前给提讯反而是违法了。但是几乎所有的看守所都允许二审检察机关提讯，难道它们都违法了吗？

其实有依据，那就是《刑事诉讼规则》第449条的规定：检察人员在审查第一审案卷材料时，应当复核主要证据，可以讯问原审被告人。

因为《刑事诉讼规则》属于司法解释，它的效力不仅及于检察机关，而且也适用于刑事诉讼中涉及的相关单位。

因此，看守所应当允许二审检察机关提讯，这是有依据的，但确实不是法律的依据，而是司法解释的依据。

这就是让事情复杂起来的原因。

二审检察机关阅卷后提讯，好像是一件理所应当的事情，也是对案件实质审查的必须，是以审判为中心的必然要求。如果不与原审被告人直接接触，如何能够了解到一手资料，准确核实案情，从而确保司法公正？这是一项必须的工作。

这就有点像律师会见当事人，不能说一审让会见，二审就不让会见了吧？好像从来没有听说过。

这是因为《刑事诉讼法》第39条的会见制度，规定在《刑事诉讼法》的总则当中，它可以适用于全部诉讼环节，不需要每个诉讼环节逐个进行规定。

检察机关的提讯、阅卷，也是最基本的审查方法，不仅是审查批捕，审查起诉，二审，再审，在各个诉讼环节当中，只要进行实质的审查，提讯就是一种必须。因此，这种审查方式，也有必要规定在总则当中，从而产生一种贯穿于《刑事诉讼法》的效力，以防止规定的疏漏。

可以说，二审检察机关提讯问题就是《刑事诉讼法》条文的一处疏漏，当然这种疏漏绝不止于这一处，还有单位犯罪诉讼程序等很多问题。

这一处疏漏，只有通过司法解释的方法予以弥补。但是必须要承认司法解释的效力是存在缺陷的，是人为造成了法律体系的复杂。本文开头提到的看守所领导就是熟读了《刑事诉讼法》，就是要严格落实法律，那真的就会产生困扰。

这个困扰本来不应发生，在二审程序当中至少有一条说没有规定的可以参照一审。为什么刑事诉讼不能再写一条，二审检察机关的审查工作可以参照提起公诉的规定呢？

因为检察机关的阅卷规定夹在二审程序当中，很容易被忽视，被认为也是审判程序的一部分，以为参照一审程序就能够解决。没有想到的是，第一审程序怎么可能规定审查起诉的内容？至少应当将《刑事诉讼法》第242条修改为："第二审人民法院审判上诉或者抗诉案件的程序，除本章已有规定的以外，参照第一审程序中提起公诉的规定进行。"

增加"提起公诉"这四个字就能够解决问题。

但是我们习惯于将就着，用司法解释先顶着。

但是若有人较起真儿来，你还真是很难说清楚。

法律规定的基本要求就是要清晰、明确，二审检察工作不是一年两年的事情了，不是一个新生事物，其职责应该有比较清晰的法律规定。还有包括像单位犯罪诉讼程序，核准追诉程序，以及最近产生的刑事责任年龄降低的核准程序，这些都需要刑事诉讼法有清晰、明确、具体的规定。

而且根据《立法法》第104条规定，最高人民法院、最高人民检察院作出的属于审判、检察工作中具体应用法律的解释，应当主要针对具体的法律条文，并符合立法的目的、原则和原意。遇有本法第45条第2款规定情况的，应当向全国人民代表大会常务委员会提出法律解释的要求或者提出制定、修改有关法律的议案。

这个第45条第2款就是：法律有以下情况之一的，由全国人民代表大会常务委员会解释：（1）法律的规定需要进一步明确具体含义的；（2）法律制定后出现新的情况，需要明确适用法律依据的。

可见，司法解释是有着明确边界的。

以司法解释完善替代法律完善的习惯不应该再继续下去了。同时，《刑事诉讼法》修正完善的节奏也应该加快，否则难以适应程序正义日益增长的基本法治需求。

《刑事诉讼法》的修改不仅仅要着眼于更新的司法理念所进行的结构性调整，那些为司法实践所必须的，已经为司法解释所规定且长期施行的，存在漏洞容易引起误解且违背司法规律的，逻辑结构需要理顺的，《刑法》已经修改但配套诉讼程序尚未规定的，都应该纳入修订日程。

　　法律的修改不仅仅是为了好看，更是为了实用，最好是尽量无需解释，因为每一次解释都意味着一次不确定的风险，能用几个字就可以解决实践中的误解、歧义和困难的，那多写几个字，就是法治的进步。

不采纳量刑建议，就不是认罪认罚了？

有些判决在没有采纳量刑建议之后，就连认罪认罚提也不提了，这样是否合适呢？

是不是量刑建议被采纳了，才是认罪认罚，如果不被采纳就不是认罪认罚了呢？

显然，不应该仅以量刑建议的采纳与否来判断是否属于认罪认罚。

有人会说量刑最后体现出了从宽，才叫认罪认罚从宽，否则就不叫认罪认罚从宽，自然也就没有必要体现了，因为没有从宽嘛。

但是《刑事诉讼法》第 15 条规定得非常清楚，认罪认罚是可以从宽，不是必然从宽，不管从宽不从宽，都不能否认认罪认罚的存在。

何况，在法庭上已经审核了认罪认罚的自愿性和真实性，确认过被告人对量刑建议是否同意。

这些都审查过之后，被告人也确认过之后，法庭也了解到其认罪又认罚的态度之后，被告人的态度也没有丝毫改变，怎么能说人家不认罪认罚了呢？

是因为法庭认为量刑建议提得不合适，从宽得过多了？还是就不应该从宽？也没说。

总之就是不想采纳量刑建议了，那干脆对认罪认罚就黑不提白不提了。

因为如果要提认罪认罚，就必须要解释量刑建议如何明显不当，以及不采纳的理由，而且这个理由还要比较充分，因为《刑事诉讼法》规定了认罪认罚的量刑建议"一般应当采纳"。

如果能够否定认罪认罚，就可以免除对量刑建议的采纳义务，也从而免除了量刑理由的解释义务。

但是认罪认罚是否可以被轻易否定？

认罪认罚并不是不能被否定的，如果在真实性、自愿性和合法性这些层面站不住脚的，比如受到了威胁、引诱、胁迫，那就不是真的认罪认罚。

或者起诉之前认罪认罚，当庭却否认罪行、不认可量刑建议，那就是撕毁具结书，推翻认罪认罚的行为，这显然也不是认罪认罚。

但是即使如此，也应当提到认罪认罚这个事，并说明不属于认罪认罚的理由，这才是说理嘛。黑不提白不提，那就没有对认罪认罚的真实性、自愿性和合法性作出判断，也就是没把事情说清楚。即使不认定认罪认罚，也应该说明理由。

更何况，认罪认罚的真实性、自愿性和合法性都没有问题，控辩双方都态度稳定，在这种情况下，否定认罪认罚就更是没有道理了。

我之前也多次说过，从宽与认罪认罚是两码事，认罪认罚不是必然从宽的，这与自首也不是必然从宽的道理是一样的。

但不能因为不从宽就不认定自首，因为这是绕不过去的。因为这是一个法定的情节，是不能遗漏的，即使不从宽也不能不评价。

同样，认罪认罚也是一个法定的情节，也是绕不过去的，也是不能不评价的。

当然，这个情节是《刑事诉讼法》意义上的情节，不是《刑法》意义上的情节，但同样都是无法回避的。

而认罪认罚要比自首等情节复杂得多，它体现的是一系列的制度。

认罪认罚要在审前签订具结书，辩护人或值班律师还要在场见证，在审判阶段还要审核认罪认罚的情节，检察机关要提出量刑建议，对于这个量刑建议要求审判机关"一般应当采纳"。

法官可以建议公诉人调整量刑建议，但是公诉人也可以不调整，如果量刑建议明显不当，合议庭可以不采纳。

但是不采纳的只是量刑建议，而不是认罪认罚制度。

认罪认罚制度是刑事诉讼制度的一部分，就像不能不适用刑事诉讼制度一样，也不能不适用认罪认罚。

这就是程序法的强制性，它不以司法官的意志为转移。并不能因为对"一般应当采纳"的条款有意见，就可以把它修改为"一般不采纳"。也不能因为对认罪认罚制度有意见，就可以想适用就适用，不想适用就不适用，或者有的案件适用，有的案件不适用。或者进行人为的限定，把可以从宽理解为必然从宽，认为认罪认罚就只能从宽，不从宽的就不是认罪认罚。所以只要不想采纳量刑建议的时候，就可以否定认罪认罚的适用，就说它适用不了，就当作它不存在。

这都是违反刑事诉讼的基本制度的，因为认罪认罚现在就是刑事诉讼的一项基本制度，它规定在原则之中，贯穿于侦查、批捕、起诉、审判，还有速裁这种特别程序。这要比自首制度复杂得多，也重要得多，这是刑事诉讼制度的战略性转型，不管你愿不愿意接受。

而且它也不是法官一个人的事。

因为它经历过了很多人，公诉人与被告人、辩护人之前进行了量刑协商，并以书面形式获得了被告人的具结书，而这些在法庭上又再次确认。

现在只是因为法官对量刑建议不满意，就说之前做的都是无用功，没有意义，法庭不予认可，恐怕很难让人接受。

而且虽然具结书是检察机关出具的，但是"一般应当采纳"

的条款，也是以整个司法机关的公信力来背书的，也就是认罪认罚之后，一般都可以获得从宽，量刑建议的承诺一般会得到兑现。

判决无视认罪认罚的存在，明明审查过认罪认罚，反而装作没看见，这会破坏整个认罪认罚制度的信用链条。不仅会引发上诉、抗诉，还会让人质疑审判的公正性和透明度。

这是最典型的不说理，既然在法庭上法官都亲口问过了认罪认罚的情况，现在又不言语了，会让人对审判的公正性和透明性产生怀疑。

这也是一种回避战术，表面是回避认罪认罚制度，实际上是回避不采纳量刑建议的说理义务。因为对"明显不当"很难说出让人信服的理由，干脆就不提这段儿了。

但这项义务和职责是回避不掉的，因为毕竟还有二审制度，被告人还有救济权。检察机关甚至还可以发出纠正审理违法通知书。

即使一审回避了，二审也还是回避不了。这一次回避了，以后也还是回避不了。

认罪认罚这项制度是回避不过去的。如果对它有意见，只能在实践中完善它，比如认为量刑建议明显不当，那就应该充分利用判决的方式进行说理，这样不仅对检察官有示范意义，对以后的判决也会有指导意义。

而且法官可以在法庭上或者提讯过程中，对被告人释明理由，进行释法说理，即使要增加刑罚，也应该让被告人心服口服。而且借助判决书的公开，还可以让社会公众心服口服。这样，即使法官不采纳量刑建议，也可以实实在在地增加判决公信力。

如果在写这些判决理由的时候，发现其实也没有那么多的理由，甚至都写不出来像样的理由，都无法说服自己，那就要反躬自省，是不是没有必要一定要额外增加刑罚，是不是一定非要不采纳量刑建议不可。

尝试说服别人的过程，也是说服自己的过程。

部分罪名没有犯罪事实，部分证据不足，应作存疑不起诉还是法定不起诉？

这种情况下，检察官经常拿不定主意，到底是做存疑不起诉好呢，还是作法定不起诉好呢？

因为既然他们认为部分罪名是没有犯罪事实的，那对这一部分就应该作法定不起诉。而法定不起诉和存疑不起诉两种情形都有的情况下，似乎两者都有道理，两者都不应该偏废，选择哪一种不起诉方式似乎都不能完整表达本案的具体情况。恨不得造出一个存疑法定不起诉。但这显然是不可能的。

不起诉的种类只能选择一种，而不能是复合型的。

之所以如此，那是因为不起诉是对人的，而不是对事的，是对犯罪嫌疑人全部涉嫌罪名的评价。甚至都不仅仅是对全部罪名的评价，而是对全部犯罪事实的评价，因为即使侦查机关移送的罪名并不符合，但是只要犯罪事实符合其他罪名，也不能仅因罪名不符，就作出不起诉处理，而应该改变罪名提起公诉。而这个罪名甚至都不仅仅是移送事实包括的，甚至只要是作为一些背景性事实提到的，乃至仅仅是案卷证据中涉及的，哪怕是侦查机关都没有考虑到的事实，都应该予以全面评价后，再作出是否起诉的决定。

因此，不起诉可以说是对嫌疑人基于全部证据事实的完整评价。

正因此，不应在意部分事实和罪名的认定情况，而应该以人为单位关注其整体的情况。

那就是从整体上看，嫌疑人符合法定、存疑和相对不起诉的哪个条件，就适用哪一种。

比如文章开头的这种情况，部分罪名就没有犯罪事实，部分罪名是存疑。那整体上就不好说是完全没有任何犯罪事实，但也不能说有一部分事实，只是情节轻微，只能说整体上存疑。还是有个别涉嫌罪名有一点有罪的证据，不是完全查否，那就是整体上存疑。

但在具体描述和评判这两个罪名和这两起事实的时候，还是要分别进行。没有犯罪事实的罪名，就要叙明犯罪事实的情况，对证据不足的部分，也同样要说清楚证据不足的情况。两个部分可以分别表述，但最后引用作出不起诉的条文应该是存疑不起诉的条文，而不是法定和存疑一起引用。

因为你终究是在对人作整体评价而不是对部分事实作逐个的评价，是对一个人的不起诉，而不是对两个罪的两个不起诉。

这一点，其实我强调过很多次了，但还是有人想不通。

我觉得这可能有两点原因：

一是眼里只有案子，而没有人。我原来提的：你办的不是案子，而是别人的人生。有人反驳道：我办的就是案子，不是别人的人生，也有这方面的意味在里边。也就是他把人当符号，把案件当作任务和作业看了。只要处理了一个案件，好像就完成了任务，殊不知案与人是分不开的，对案件最终的评价都应该是以人为范围、界限和背景的。你处理的不是那个案子，而是犯案的人，通过对他的惩罚和处理，来处理案件并预防犯罪。

而当你将视野从案件移向人时，就会涉及他是一个什么样的人，他为什么要犯罪，有没有过往的经历让他走出这一步，他有没有难言之隐的疑问。刑事处罚对他有没有意义，是不是过于苛责，对于预防犯罪是否有作用？你会不知不觉从眼前的案件事实和证据扩展来看，在提讯的时候不知不觉地了解他过往的经历，他对家人的态度，他有没有正常的情感，他的脾气秉性如何。想一想，如果我给他一个机会，他会不会改过自新。对这些问题的解答，仅仅看案件是看不出来的，还要在短暂的案件处理中去识人。每一个相对不起诉其实也是对人性的一次赌注，你要对他的再犯可能性作出判断，否则这个不起诉就是不负责任的。

如果仅仅考虑证据事实，但忽略了人的因素，是不可能在人的改造和行为预防上作出正确的判断的。一次犯罪行为只是一次经历，很多时候是不足以据此对一个人作出完整评价的，必须结合过往的经历，当时的处境，才能预测未来。

正因此，办案就要有整体判断的意识，要有识人的意识，而不仅仅是对案件事实的加减。

二是怕出错，就想把所有东西都弄上。似乎是在答论述题，尽量把"点"都答上，"遇事不决，量子力学"，也不管这些"点"是否有逻辑上的互斥关系。以为考官只要找到了对的"点"，其他的"点"也就无所谓了。但司法工作从来不是靠蒙着干的，它必须严谨依循逻辑规则。三种不起诉类型，非此即彼，不可能同时存在，不可能对一个人又是法定，又是存疑，又是相对，不同种类的不起诉的内涵和外延有着显著的区别。你把法条都引用上了，看起来好像是周全了，却让人糊涂了，不知道自己到底受到了怎样的处理，给人留下一种迷迷糊糊的印象，必将影响司法的公信力。

还有一种可能是害怕被追责，被司法责任制吓怕了，既然存疑、法定的情形都存在，如果单独引用了哪一个法条，好像都会被批评为错误地引用，那样成功率好像只有50%。而如果全部引用，就好像无可挑剔，成功率好像是100%，其实它的成功率是0。因为根本就不可能存在这种复合型的不起诉类型。这种盲目规避责任的行为反而要承担更大的责任。

当然这里边也有承办人的苦衷，因为无论你选择哪一种类型做处理，都有人会以另一种可能的证据否定你。你说存疑，他会说有法定情形。你说法定，他说整体应该存疑啊。这种被无端追责或者不分青红皂白的结果归责，让人莫衷一是，让很多人不敢果决地作出判断。

明明知道应该是整体存疑啊，但就是对没有犯罪事实的罪名如何予以表述惴惴不安。如履薄冰是对的，但通过内部机械执法导致承办人过分小心，从而矫枉过正，以至于谨慎过头，也是其中的病因。

所以，在严格落实司法责任制的同时，建立必要的容错机制，形成正面清单，让司法者敢于大胆作出符合法律和良知的判断也是十分必要的。

规则本地化与"判例法"

眼下，各个层级的案例很多，有"两高"指导性案例、各种典型性案例、审判参考的案例，等等。这些案例的引用，最高法院之前已经确定了方法，从此这些案例不仅是学习资料，也成为办案的依据。

依据不就是规则和活的法律吗？

这些案例往往有一个副标题，这些副标题通常就是对一个微观规则的提炼。比如，"单位犯罪如何适用认罪认罚从宽制度"，那就一定是说明这个单位犯罪案件已经适用了认罪认罚从宽制度，而且还确定了一系列的程序，而这些程序正是法律，甚至司法解释里都没有的，实际上是补充规则体系。

也正是因为确立了一些之前不曾有的具体规则，才使这些案例被拣选为典型案例或指导案例，发挥示范引导作用。上级发布的不是案例，而且案例中蕴含的规则。只是因为这些规则蕴含在案例之中，案例赋予了规则具体的语境，所以两者是不可分离的。

这样，所有的案例也就蕴含了普遍性的意义，正是因为这些普遍意义的大小不同，才有了不同层级的案例之分。

规则和法律规范的本质含义也就是行为规范的普遍化。

成文法更是在立法机关的全部法域内发生法律效力，这种规则的普遍性具有天然性，立法就是要追求一般的、普遍的需要遵守的规则。几种特殊的情况，也就很少有立法的必要。因为立法的成本要比发布案例高太多，周期也更长，因此必须要考虑立法的成本，而不能什么都立法。

而且一旦立法又希望保持法律的稳定性，因此往往规定得比较原则，唯此才能保持长久，无需频繁修改。也正是因此，立法才不愿意规定得过于精细，因为精细具体，就意味着失去了可解释的空间，就容易与时代的发展发生硬性的脱节，从而产生不得不改的细小问题，导致法律的频繁修改完善，从而破坏法律的稳定性和权威感。

这是因为所有的法律都是串联在一起的，是一个不可分割的整体，只要有一个条文出现问题，就要整体性地进行检视和修改。所以成文法是一种统一性的规则体系，虽然更富有逻辑性，但也是经常互相牵扯，从而要承担很高的法律维修成本。

但是由指导案例和典型案例所构成的"判例法"却是一种并联的关系，任何一个案例的否定和推翻，都不需要对其他案例进行整体上的修改。

这是因为判例所依赖的逻辑环境是案例的语境，只要事实证据不被推翻，案例就无需变化。即使这个案例被推翻了，也并不意味着所有的案例都要被推翻，因为它们各自有各自的语境。

但是成文法的逻辑环境是整个立法的逻辑体系，任何一个片段的影响，都是对整个立法逻辑的影响，都需要通盘考虑，整体的立法逻辑就是法律条文生存的土壤。

这些特性决定了"判例法"的优越性，它可以通过分散的方式，保持整个判例规则体系的稳定性，所以"判例法"其实是一种松散的规则体系。它在应用上很麻烦，谁的检索能力强，谁就可以拥有更大的判例规则体系；反之能够注意到的案例就会比较少。

如果不能及时找到恰如其分的案例，就不能作出合适的司法裁决。所以"判例法"的门槛很高，而且会越来越高，案例会越来越多，那就意味着微观的规则体系越来越庞大，从而越来越难以驾驭。

成文法是比较好查询和阅读的，一般知识程度的人都能够看懂并找到一些常用的法律规范，即使是稍微偏僻或者复杂的成文法，只要认真研读也能够在很短的时间内了解其大意。

但是"判例法"对法律专业之外的人来说，简直就是高深莫测了。一般人很难找到适合自己的法律适用规则，很难在短时间内去掌握那么多案例。

"判例法"是专业性非常强的规则体系，引发它的是司法官的"造法"活动。如果说那些细小的、成文法里没有而"判例法"有的规则也是"法律"的话，那司法官真的就是在出台"法律"。

随着社会的飞速发展，加之成文法的高成本、长周期、稳定性的特质都决定了在细微规则的构建上，成文法已经拱手让给了"判例法"。"判例法"是一种不得已而为之的规则形态，是我们追求善治的必然产物。

但是判例不是为了"造法"而出现的，虽然有些特别明确的就是要成为规则，但绝大部分判例其实是在解决具体问题的时候，不经意地出现了。

这个具体问题的解决所蕴含的一些规则首先是本地化，是要在当时当地的背景下，解决一个前所未有的问题。这个疑难问题的解决，就为之后相似问题的解决提供了先例和参考。其他案例可以沿用这个判例，但沿用的不是案件的情景，而是一种抽象的规则。

这个规则在完全一样的背景下，自然可以发挥完全一样的作用。但是没有完全一样的背景。在相似背景的情况下，这个规则的范围就得到了一定的扩展，也就是它的普遍性就会增强。

但是很多时候，这个规范的范围就只能辐射到有限的区域，比如省、市、县，一旦脱离这个环境，很多非常有效的规则，就不能发生作用了。因为它们是与当地的社会经济发展水平紧密相连的，甚至是与文化环境紧密相连的。能够在全国范围内通行无阻的判例规则自然是非常少的。

这些规则适用的有限性，就是规则的本地化。

这种本地化虽然辐射范围小，却是十分有用的，它能够解决立法无法涵盖的具体社会环境问题。立法是希望与本地情况相结合的，但是立法的全国一体适用原则又与这种特殊性的需求相排斥。

实务中，法律的适用是本地化的，越是能够与本地化语境相结合，越是能够作出具体的、差别化的考量，越是能够与当地的正义感判断标准相切合，也就越是能够赢得本地公众的尊重和认可。

虽然法制是统一实施的，但实施起来是要接地气的，是要与千差万别的情形相呼应的，这样才能与习惯、风俗和正义感相互融合，才能形成法律对本地社区的融入效应，才能赢得更多发自内心的尊重和信仰。

也就是法律要入乡随俗，就比如法律的适用会考虑少数民族的风俗习惯，各地对危险驾驶等各罪有自己的处理标准。尤其是危险驾驶罪，不同地区的差异还很大，有些地区都是实刑，有些地区却有很多不起诉和缓刑。

这与观念、社会环境、经济条件有着密切的关系。

忽视这些具体情况，就容易机械执法，但每次都考虑一遍，每个人都考虑一遍，又会产生随意性的问题。

如果有一些判例出现，在法律大的逻辑之下，与地方性的小的逻辑之间建立一座桥梁，就能够让法律与地域性有机结合起来，从而避免"一刀切"的机械执法。

目前，最高司法机关已经意识到这个问题了，在很多司法解释出台的时候，往往要求省级司法机关结合地方特殊情况发布具体的执行标准。虽然执行的都是一部大法，但各地有各地的高招，只有因地制宜才能切合实际，才能让法律规则更有针对性地深入下去。

让法律入乡随俗并不是否定法律的统一性和普遍性，而是尊重法律的多元性，是将普遍性与特殊性相结合。只有结合才能被接受，才能深入人心，才能发挥更加持久的价值。

认罪认罚的结构与前途

有人认为认罪认罚适用率大幅度提升，全赖行政指标推动，并没有前途，所以持观望态度，并不愿做深入的研究，要等等看。

这个冷眼旁观的态度中有一份审慎，我们需要理解其担忧的合理性。就如同对通货膨胀、经济过热的担心，对 GDP 过快增长的忧虑一样，并非完全是耸人听闻。在发展的时候就要考虑经济危机问题，要居安思危。

同经济一样，认罪认罚也有规模和结构的问题。那就是不仅仅要有数量的增长，还要看增长的是什么，科技含量有多少，是否可持续，对环境破坏的程度怎么样。也就是要发展绿色可持续经济，关注高科技发展，重点突破"卡脖子"工程。这些"卡脖子"工程的突破不仅可以提升经济的短期绩效，它还可以提升经济发展的层次，对全局都有拉动效应和辐射效应。

对认罪认罚来说，那就是重大复杂疑难案件。如果你的适用率达到了 90%，但全是轻罪简单案件；我的适用率虽然是

80%，但是相当比例是重大疑难案件，包括新型案件，那我的含金量就要更高。虽然眼下看起来我的规模比你的小，但我通过在重罪难案中的适用，锻炼了队伍，磨炼了机制，产生了更加强大的正面影响力，这些结成的软性实力，会让我们走得更远，也更稳健。

而你的90%虽然规模更大，但是影响远没有我的大，对队伍和机制的锻造没有我有深度，那这个90%可能就不如80%有意义。

事实上，我的80%中，付出的努力一点也不比90%的适用率低，在复杂案件中完成一次认罪认罚，甚至高于在十件甚至百件普通案件中的付出。这些案件带来的不确定性的降低，通过重大案件放大认罪认罚和检察质效的影响力，以及由此所收获的公信力也必然更大。

而且我在注重质量和结构的同时，就可以放松对规模的盲目追求，从而可以更加从容地开展认罪认罚，这样就可以有所为有所不为，就可以比较冷静地坚守住罪责刑相适应的原则，不至于为了一两个指标，给予过度从宽，也没有过度渴求具结书的签署，从而保持了司法机关必要的矜持和尊严。

这种不过于上赶子的姿态，反而能够让嫌疑人、被告人比较理智地看待认罪认罚：签具结书不是帮司法机关的忙，凑一个指标，而是给自己一个从宽的机会，这反而让嫌疑人更愿意抓住了。这也符合人的正常心理，过于主动的推销容易让人对商品的质量产生担忧，只有必要的深沉才能引起最大的兴趣。

所以，如果说重罪比例、复杂案件比例可以体现认罪认罚的难度系数和影响力系数，那么提讯次数、教育转化次数的降低，就可以提高认罪认罚的主动性。也就是说你的90%是靠过多的提讯、过多的教育转化实现的，那就是说明这个90%是比较勉强实现的，嫌疑人认罪的主动程度太低。虽然认罪认罚，但上诉率比较高，不牢靠。投入很大，收益有限，90%是不稳定的90%，是比较容易动摇的。比如90%的适用率，适用之后有20%的上诉率，那就是说明只有72%的适用是稳定的，这是比较真实的数据。而80%的适用率，适用之后只有5%的上诉率，那就说明这里有76%的适用率是稳定的，这个真实的数据反而更高。

也就是参考上诉率是可以反映真实的认罪认罚适用率的，稳一点，真实的适用率才会更高。也即司法产品的次品率更低，反而更有效益。

在这种情况下，司法投入更少，如果每一次认罪认罚都能够减少一次提讯，那就意味着可以减少数万次提讯的工作量。而且没有过于"热心"的求，反而更有利于增加司法的权威性。相比过于"热心"带来的司法的权威性的降低，这个一增一减，是巨大的司法威信收益。

虽然少一点，但是可以稳一点，可以更靠谱一点，更能够赢得公众对司法的信赖。

有些人的担心，也不完全是旁观者的心态，里面也包含了对司法威信损耗的担心，对过度使用行政杠杆的担心。

这个担心就是，行政杠杆撤出之后，会不会崩盘，也就是担心这是不是一个"政策盘"。

根据基本的经验，政策杠杆是不能够持久的，它会因人、因事、因时而改变，这种改变体现为一种注意力转移。领导盯着的时候抓，领导不盯着的时候就不抓；盯着这个的时候抓这个，盯着那个的时候抓那个。

能够目不转睛长久地只盯着一件事儿的人很少，更不要说领导也会有更替，每一个人的关注点显然是不一样的。

有人的冷眼旁观就是在担心，如果失去如此强大的行政杠杆，还能否有这么大的动力和压力来做这个事，司法官主动做认罪认罚的意愿还强不强。一旦上方的注意力偏转以后，下位的注意力也必然跟着发生偏转，那个时候大家忙起来，还有没有时间做这个事？

也就是认罪认罚到底有多少内生性的动力，有多少检察官是发自内心地愿意做这件事？平白无故增加这么多的工作量，他们愿意不愿意？如果不考核，全凭自愿，到底能做多少？做了之后到底能给他们带来多少收益？

也就是说这个适用率，从内部来看有多少是检察官自己主动做的，这个占比有多少，也就是内生性动力与行政杠杆的比值有多大？如果内生性动力足够大，几乎全是自愿做的，那对行政杠杆的去留就没有什么可担心的了。这个杠杆就成为多余的摆设，毫无影响。

"完全自愿"显然不是事实，有些地区甚至会加杠杆，比如提高指标，各种考核、督导、问责，这就是更大的杠杆。如果 90% 是通过这种过大的杠杆实现的，那就是一种高杠杆率，把个人主动性压没了。由于这个行政杠杆好用，也就没有那么多动力考虑如何简化流程文书，为检察官轻装减负了。这就会形成杠杆依赖，既然靠行政命令能够实现，那谁还费心考虑调动内在动力？当然，这种杠杆一旦撤出，所造成的影响也将是毁灭性的，因为内生性动力都已经被压缩得没有了，毫无志愿性可言。

所以，在适用率达到一定规模之后，就要提早考虑去杠杆，虽然牺牲了适用率的快速增长，但是通过完善一系列的激励机制，调动内在动力，形成强有力的内生性动力。通过有条件的减负，增加成就感，让检察官自己感受到认罪认罚带来的收获；通过大批量典型案例的评选，让检察官自己在认罪认罚这件事上有更多的成就感，他们才会真的愿意适用，并不断摆脱对行政杠杆的依赖。这个时候即使撤杠杆，即使上峰发生注意力的转移，也不会出现大起大落的问题，崩盘的风险就会降低。

在自愿性占比不断提高的同时，还要考虑这个适用率，有多少是侦查人员贡献的，有多少是法官贡献的，而不能认为这全是检察官单方面的功劳。

这是整个司法机关的事，光靠检察机关自己是走不远的，也是走不长久的。

虽然现在是检察机关在发挥主导作用，但也应该逐渐提高其他主体的贡献率，尤其是侦查机关的贡献率。

因为侦查人员接触嫌疑人最多，最有条件做这个事，只要他们有意愿，他们的机会就要比检察官多得多。

但是侦查人员往往体会不到认罪认罚带给他们的意义，所以积极性一直不高。

这主要体现在他们对最后的处理，尤其是量刑建议没有话语权，没有成就感，好像做不做对自己没有影响。这主要也是由于缺少侦查机关向检察机关的从宽建议机制。只有部分地区有量刑建议梯度制度；也就是在侦查机关认罪认罚可以获得 30%~40% 的从宽幅度；在检察机关认罪认罚，这个幅度是20%~30%；在审判机关就是 10%~20%。有了这个梯度制度，侦查人员的积极性就会高一些，他们知道在自己的阶段认罪认罚，嫌疑人就可以获得更大比例的从宽，而且这个比例是有相对保障的。那他就可以跟嫌疑人讲这个话，如果侦查人员的从宽幅度能够被检察官采纳，最终成为相应的量刑建议幅度，也就是建立侦查人员向检察官"求情"的制度。这样一来，侦查人员就会比较有动力，也会通过嫌疑人口口相传的方式，让他们在意和重视在侦查初期的认罪认罚，从而形成一个良性循环，让更多的人及早认罪，从而大幅度降低侦查的难度，提高侦查的效率。

这是潜在的效益，只要侦查人员确信这个激励链条，他们就愿意投入，因为他们也希望嫌疑人早日认罪，让他们提高工作效率。这个量刑梯度重在传达一种确信，对于幅度的掌握和要求，不可能绝对精准。

但还是有人表示反对，认为这个幅度没有实证依据，并且侦查人员没有量刑建议的把握能力。正如我前面提到的，这个幅度只是一个参考，并没有那么严格，而侦查人员的从宽建议对检察官来说也是一种参考，并不需要做到"应当"采纳，只是根据实际情况"参考"就可以了，最终量刑建议还是要检察官自己确定。但我们的目的是让侦查人员感到自己的从宽建议是有用的、有效的，这样他才会愿意耗费精力去做教育转化的事。

一旦侦查人员的积极性上来，那检察官的负担就可以得到极大的减轻——不用再进行重复劳动了，就可以把主要精力放在重大、复杂、疑难案件的教育转化上了，这样也有利于认罪认罚结构的优化。

侦查人员所形成的内生性动力，也为认罪认罚获得更加坚实的基础，也为去杠杆添了一份支撑力，让认罪认罚的基础更加稳固。

只有认罪认罚的结构更加优化稳固，才能真正行稳致远，才能真有前途。

二审抗诉案件是否应该开庭审理？

这好像是不应有疑问的问题，为什么还要问？

这个事情从 1979 年《刑事诉讼法》颁布开始，就有非常明确的规定，人民检察院提出抗诉的案件或者第二审人民法院要求人民检察院派员出庭的案件，同级人民检察院都应当派员出庭。1996 年《刑事诉讼法》大修时，更是明确规定，对人民检察院抗诉的案件，第二审人民法院应当开庭审理。2012 年的《刑事诉讼法》修改，目的在于扩大二审开庭的范围，明确列举了多种应当开庭的情形，抗诉作为情形之一依然在列。2018 年《刑事诉讼法》修改，该条文没有发生变化。

从法律的角度来看，抗诉案件的开庭是《刑事诉讼法》一直以来的要求。在落实以审判为中心的诉讼制度改革，突出庭审实质化，不断拓展二审开庭范围的背景下，抗诉案件的开庭要求更是没有任何理由发生动摇。

对《刑事诉讼法》的解释自然应该与这一趋势相吻合，因此 1998 年的最高法院解释，自然是重申了 1996 年《刑事诉讼法》修改的内容，抗诉案件的开庭要求自然也是明确的。

但恰恰就在 2012 年，《刑事诉讼法》以扩大二审开庭范围为目标完成修订后，司法解释却发生了一些微妙的变化。

2012 年的司法解释虽然也有条款继续重申了抗诉案件作为应当开庭的范围，但是该解释第 318 条却规定：对上诉、抗诉案件，第二审人民法院经审查，认为原判事实不清、证据不足，或者具有《刑事诉讼法》第 227 条规定的违反法定诉讼程序情形，需要发回重新审判的，可以不开庭审理。这就说明，抗诉案件中如果原判事实不清、证据不足，或者存在违反法定诉讼程序情形的，需要发回重审的，也可以不开庭了。

这就是说，不会仅仅因为是抗诉案件就非要开庭不可了。但这显然与 1979 年所确立的"抗诉案件都应开庭"的原则有根本的区别。

该条款为 2021 年的司法解释所沿用，只是条文序号和引用法条序号进行了必要的技术性调整。

可见，这并不是技术性的疏漏，而是体现了最高审判机关的一种明确的意见。那就是抗诉案件作为必然要开庭的原则并不是刚性的、不可动摇的。它与上诉案件在是否开庭的裁量标准上相比不具有特殊性，二者完全是一个标准。

但这显然并不符合法律的规定，在 2012 年《刑事诉讼法》的修改中，抗诉案件是作为应当开庭的单独一类案件而出现的，其中并不附加任何的条件。2018年的修改也没有进行调整。

关于抗诉案件原判事实不清、证据不足，需要发回重审，就可以不开庭审理的观点，没有任何的依据，也不可能从现有的条文中推导出来。

而且对于抗诉开庭这一条原则，1979年《刑事诉讼法》颁布以来就没有动摇过，怎么可能开庭范围扩大了，这一原则反而动摇了？而且1998年的司法解释也对此进行了再次重申。2012年在扩大开庭范围的时候法律规定一直要开庭的范围，现在司法解释给限缩了，这是没有任何道理可言的。

我们也理解，2012年的解释是为了给开庭范围的扩大进行必要的限定。但这个限定标准不是事实清楚、证据确实充分，不要开庭审理，直接维持原判，而是事实不清或者违反法定程序。违反法定程序这个事好理解，那就是二审审理也解决不了当初程序违法的问题，不管怎样都要将一审程序走一遍，那索性就尽快重审吧，二审开不开庭却没有意义了，所以也就不浪费时间了。

但是事实不清、证据不足，即使要发回重审那是不是也是浪费时间呢？二审不是需要全面审查吗？而且可以查清之后改判啊？如果能够二审一次搞定，为什么要搞程序周折呢？

这里可能有一个对二审功能的定位问题。因为有全面审查，我们总以为二审就是啥都审，事实认定、法律适用都要管，一审没弄好的，二审就要弄好。导致了一审成为初步审，二审成为仔细审。

二审期间往往要调取大量证据，审理期限旷日持久，经常是久审不决。这样的结果并未使一审予以重视，没有对案件质量产生倒逼作用。以往二审开庭的范围有限，麻烦也就麻烦一点。但现在二审开庭范围扩大，很多事实清楚的也要开庭，事实不清，甚至短期内无法查清的案件也要跟着开庭，那二审的压力就会成倍增加。

如果把大量的时间放在帮着一审补证据窟窿上，那二审对法律适用的把握就必然精力有限，对疑难复杂问题的判定和导向作用就无暇发挥。二审作为法律审的基本功能就不能完成，对疑难法律问题的统一适用和刑事政策的统一掌握就不能发挥作用。而这些作用是一审法院所无法替代的，也是二审法院不可推卸的责任。

因此，对于事实证据在短期内无法完善的"夹生案""疑案"，就不应让二审法院耗费太多的时间。即使审了很长时间，到时候也还是要发回去，那索性就应该早点发回去，让一审好好审。这也是在督促一审充分发挥好事实审的作用，不应在基础事实、证据都没查清的情况下，就将矛盾上交。

这样，这个不开庭的范围的确定，也是在明确一审、二审的功能定位。

但是抗诉案件开庭一直都是一种单独的情形，这主要体现的是对检察机关监督意见的重视。

检察机关作为审判监督机关，提出抗诉是通过内部决策代表整个机关的意见，而不仅仅是个人的意见，因此是非常严肃和慎重的，是发现一审质量问题的重要途径，因此也为二审法院所重视。这也是抗诉案件一直都要开庭的原因。也就是说，不管怎样，都应该开庭听听检察机关的意见再作决定。

2012年和2021年的司法解释，将抗诉、上诉案件并列，将事实不清和程序违法情形一并作为不开庭的情形，本质上体现的是完全的当事人主义的诉讼观念。是将抗诉与上诉同等看待，仅仅把抗诉当作一种诉讼救济手段，而否定其法律监督的作用。这与现行诉讼体制是不相吻合的，也不符合一直以来法律的明确规定。因此，关于抗诉案件可以不开庭的内容也当然不具有法律效力。事实上，实践中也很少发现有实例存在，但该项规定已经延续了9年，如果不加以纠正可能继续延续下去，难免在实践中不被使用，从而对诉讼制度产生负面影响。

对于诉讼制度是否要采用完全的当事人主义，涉及刑事诉讼制度的基本框架甚至宪政体制，应为立法调整的范围，不应由司法解释擅作更改。

这里还存在司法解释创设法律制度的问题，有些司法解释完全没有法律依据，有些司法解释与法律依据存在冲突，但是由于司法解释更加具有可操作性，不少人只认解释不认法律，这就形成了司法解释在实践中更有"效力"和"影响力"的现象。这是对立法权的侵蚀，其危害是潜在的，也是深远而长期的。

第四章

机制

司法官要学会拒绝

　　法律人往往被教育要学会服从，但是只有学会拒绝，才算是真正获得了成长。

　　有位基层检察院的读者说，有一个案子他们本打算做相对不起诉的，但上级偏让起诉，起诉之后感觉舆情不好，又要撤回起诉，撤回起诉之后又让做相对不起诉。

　　根据《刑事诉讼规则》第424条规定：人民法院宣告判决前，人民检察院发现具有下列情形之一的，经检察长批准，可以撤回起诉：（1）不存在犯罪事实的；（2）犯罪事实并非被告人所为的；（3）情节显著轻微、危害不大，不认为是犯罪的；（4）证据不足或证据发生变化，不符合起诉条件的；（5）被告人因未达到刑事责任年龄，不负刑事责任的；（6）法律、司法解释发生变化导致不应当追究被告人刑事责任的；（7）其他不应当追究被告人刑事责任的。

　　从撤回起诉的条件看，这里面根本不包含相对不起诉的情形，只有存疑和法定不起诉的情形。

比如你以"情节显著轻微、危害不大，不认为是犯罪的"为由撤回起诉，那就应该做法定不起诉，如果做相对不起诉，那么不是打自己脸吗？

再比如，以"证据不足或证据发生变化，不符合起诉条件"为由撤回起诉，那就要做存疑不起诉。如果做相对不起诉，就是承认事实其实是清楚的，证据其实是充分的，那你这个撤回起诉的理由不是在欺骗法庭吗？

所以撤回起诉之后又做相对不起诉，不仅是理由自相矛盾，而且也违背了程序规定。

而且折腾一大圈又回来，这不是折腾人吗？这样出尔反尔，不是在折损司法公信力吗？这个责任难道没人承担？

但是读者苦恼的是，明知上级院做得不对，但是又只能服从，没有更好的办法。虽然自己拿了原来的意见，本来没有责任，但是检视报告还是要自己写。

如果我们碰到这样的问题，又能怎么办呢，能够拒绝上级的命令吗？

《公务员法》第 60 条规定：公务员执行公务时，认为上级的决定或者命令有错误的，可以向上级提出改正或者撤销该决定或者命令的意见；上级不改变该决定或者命令，或者要求立即执行的，公务员应当执行该决定或者命令，执行的后果由上级负责，公务员不承担责任；但是，公务员执行明显违法的决定或者命令的，应当依法承担相应的责任。

这里的意思很清楚，就是一般情况下，即使你认为上级的决定和命令有错误也要执行，但你可以反映情况提出不同意见，这个执行的结果由上级承担。但是，如果这个决定和命令明显违法，你还执行的话，你也要跟着承担相应的责任。

承担什么样的责任？比如滥用职权的责任？这种渎职我原来就办过，被告人的辩解都是"按照领导的意见办事"，最后我们定罪的核心一条就是这个"公务员执行明显违法的决定或者命令的，应当依法承担相应的责任"。

这句话没有明确说不要服从命令，但潜在的含义就是这个意思，因为你这个时候还要服从的话，那你也要承担责任了，包括行政的责任，甚至刑事的责任。

比如上级让你杀人，你也杀人？恐怕不行。让你徇私情放人，让你睁一只眼、闭一只眼，你也服从？让违法地起诉，违法地不起诉，你也服从？让你有罪判无罪，无罪判有罪，让你去办冤假错案，你也服从？

显然不是这个意思。

法官、检察官作为司法官是否要适用《公务员法》的规定？根据《公务员法》第2条，本法所称公务员，是指依法履行公职、纳入国家行政编制、由国家财政负担工资福利的工作人员。第3条，法律对公务员中领导成员的产生、任免、监督以及监察官、法官、检察官等的义务、权利和管理另有规定的，从其规定。

《法官法》和《检察官法》均已明确规定，"本法未作规定的，适用公务员管理的相关法律法规"。可见，司法官也是公务员的一部分，只是根据其职业属性，有一些特殊的权利义务规定，但对于一般性的规定，特别法没有规定的，要适用公务员管理的规定。

也有人问，检察官所主张的上下一体原则怎么理解呢？

这个上下一体同样也要坚持合法性原则，也就是不管什么样的命令，还是要以合法为前提，对于明显违法的命令，司法官没有服从的义务。

当然，规定是规定，有些时候在实践中是难以判断的，如果都以上级违法为由不服从，也会产生各自为政的问题，因此法律规定了"明显违法"。

其实最主要的还不是这些文本上的概念，关键是你如果真不服从，还可能要受到潜规则的制裁，领导会在以后的工作中为难你，这是大家更为担心的。

所以拒绝是一门艺术，并不简单。

首先就是对决定和命令的判断，它们到底是不是正式的决定和命令？因为一说到正式的时候，往往大家就慎重了，就不太可能作出一些出格的、公然违法的命令来，因为这也意味着上级自己要承担责任。

所以实践中，决定和命令往往以不正式的形式作出。比如打个电话，口头说一下，一般尽量避免留下书面痕迹。以便出问题的时候推脱，"我当时没有那么说……"而下级一般也不会进行录音，只是会电话记录、做工作说明，这些本质上都是一面之词，最后是无法对证的。

这个时候如果发现存在明显违法的问题，也不用直接拒绝，就是请求出具书面正式决定和命令就行了，你看他出不出，你心里就有数了。

决定和命令还要看是谁作出的，下级往往通过审批已经形成了一个正式的意见，代表单位的意见，但是上级往往一个部门主任就把这个意见否了，更多时候只是部门副职，甚至司法官助理就把这个决定否了。这是否合适？到底谁能够代表上级？至少不是任何人都可以代表上级吧？

所谓上下级一体，也不是上级机关的任何人说的话都要执行。这通常有一个对等原则，那就是下级是检委会意见的话，上级一般也要由检委会来推翻；下级是检察长的意见，上级也应该是检察长的意见。这就是所谓的对等原则。

所以在认为上级意见可能有问题的时候，也可以问一下，检察长是什么意见，检委会是什么意见，也可以提高意见的正式性和慎重性。

还有就是所谓的指导意见，往往缺少正式留痕机制，虽然可能是高层级领导的意见，但往往也是由具体承办人来传达的，最后你也搞不清楚这个传达的意见是不是最终决定的意见，也不确定这里有没有添枝加叶，甚至颠倒黑白的情况。

关键是这种口头的，不固定的意见下达方式，也为徇私情留下了空间，也不能排除有些人打着领导的旗号来过问案件，干预案件。听着语气很强硬，但是未必是办公事。关键是这里说不清，不透明。这个时候你一定要弄清楚，是哪位领导，为什么关注这个案件，判断一下是否与他们的职责相关，如果确定是私事公办，那应该根据"三个规定"的要求记录下来。

因此司法办案责任制改革的下一步应该对案件指导进行规范。

什么是合法的指导，什么是咨询，什么是干预应该分清楚。建议所有的案件指导都通过办案系统进行，留下各级的审批意见，指导过程全程留痕，并且对什么样的意见应该由哪一级审批，哪些是决定，哪些是参考要区分清楚。并不是上级的意见，就一概只能服从，还要分清具体情况。

毕竟司法办案责任制了，还是要更多地尊重司法官的亲历性，一般不能轻易否定承办人的意见。

还有就是年轻的司法官不太敢坚持自己的意见，害怕影响自己的职业进步。这个担心可以理解。但是司法官这个职业，办案质量才是生命，如果案件出问题了，即使有一时的发展顺利，最后也还是要走弯路，走不长久。而且有些硬性的法律条文，上级领导可能只是没有注意到，也并不一定要公然违反，如果能够及时提醒一下，反而可以避免大家一起犯错误，这其实是好事，未必一定都留下坏印象。

最需要警惕的就是有人要求你修改自己的意见，然后他来签字同意，这是非常"阴险"的方法。这其实是明知自己的意见可能有问题，而将这种风险转嫁给你，最后出事时又可以将自己推得一干二净。对于这种情况，还是要有所坚持。因为各拿各的意见是最本分的事，并不是违反任何的命令，也不违反上下一体的要求。

上下一体的意思是要服从上级的意见，但没有说自己不可以有任何意见，各拿各的意见与服从上级命令是并行不悖的。而且这也能够更好地体现独立负责的专业精神，同时也为司法责任的落实提供了最基本的依据。

有意见又不愿意落到字面上，往往是不想对自己的意见负责的表现，也往往是对其违法性有概括性的明知，对此应该十分警惕。

对这种情形，懂得如何拒绝，不是不成熟，而是真正成熟的开始。

阅卷实质化与出庭实质化

对于阅卷而言，有阅与不阅的区别；有直接阅卷和间接阅卷的区别，间接阅卷就是看审查报告。即使都看了原始卷宗，也有态度和程度上的分别，决定这些区别的，除了责任心之外，主要的因素就是庭审的压力，也就是庭审实质化的压力，以及随之而来的对出庭实质化的要求。

需要出庭开口说，需要面对辩护人、被告人的辩解，甚至要承受他们对证据问题和程序问题的挑剔和指责，以及法庭缜密的调查、核实，这些都需要当场的回应，这是一种巨大的压力。面对这些压力，如果卷不看透，那在法庭上就一定是一场煎熬。不要说指控的结果不会理想，单是这个过程本身也是极不理想的。而且这种尴尬还会通过庭审直播放大无数倍，庭审的分分秒秒都变得不可承受，让人无地自容。想象一下，如果辩护人提出一个证据细节，而你根本没看到，甚至都不知道该怎么答辩，这将是一种什么样的感受？

正是庭审带来的压力——即使不是马上开庭，而只是一种可预见的压力，会让你认真一点。这就是一种压力的传导。庭审实质化要求出庭的实质化，出庭的实质化必然要求阅卷的实质化，这是真实的压力传递链条。只有真的出庭，真的需要完成实质的出庭任务，才能感受这份压力，是这份压力让你认真阅卷。带着这份压力阅卷，与没有这份压力的阅卷是有本质的区别的。这解释了王勇在《阅卷之要在于"找"》一文中提到的"挂名办案"者没有实质阅卷的原因。因为他们不需要出庭，不需要亲口说，不需要承受那种庭审压力。即使个别出庭的，也只是宣读现有的出庭材料，只能照本宣科，比如宣读起诉书、公诉意见书，法庭上真正需要回应的时候，他们就不再作声了。因为卷没有看那么细，也回应不了。这也是为什么出庭的时候都出状况了，他们也不作声的原因，因为他们确实不知该如何回应，因为他们没有实质化地阅卷。

司法亲历性的真正要求不仅是形式上完成"阅卷"这个动作，还要带着压力实质地完成"阅卷"。怎么阅卷是个技术活，能不能真阅，能不能实质地阅，那就是良心活儿了。在这种情况下，出庭就是最好的监督员，它是在用庭审的压力来检验阅卷的成效，倒逼阅卷态度的提升，实现阅卷与出庭的知行合一、厚积薄发和心口如一。

1. 阅卷不仅是认知，也是参与证据体系的建构，因此是知行合一的过程

阅卷的目的是确保在法庭上有话可说，因为再强的出庭技术都要以证据为基础。因此，阅卷不仅仅是熟悉和掌握证据，还要对证据链条的疏漏提出意见，甚至是亲手完善证据体系。所以阅卷不仅是被动地看，更是主动地完善，因此是一个知行合一的过程。

我办了一起诈骗案，案件影响还比较大，到我这儿的时候是第二次二审了，但是证据仍然有重大缺口，眼看陷入僵局。关键的缺口就是，一份能够证实上诉人虚构身份的关键书证，无法证明笔迹的同一性。但是仔细辨认上面的笔迹，尤其是上诉人的签名，感觉与上诉人之前在讯问笔录上的签名很相似。只是在进行笔迹鉴定之后，上诉人在笔录上的签名就发生了变化。很可能是上诉人因为知道要笔迹鉴定，所以故意调整了笔体。带着这个疑问，我希望侦查机关再做一次鉴定，得到的答复是做不了，因为鉴定部门说需要当时的笔迹。而所谓当时的笔迹不就是早期笔迹吗？也就是与这份书证的完成时间尽量接近，而且最好是没有受到干扰，没有故意调整笔体的笔迹，而且还能够证明这些样本是上诉人亲笔所写。带着这些思考，我又细致查看了案卷中上诉人所有的签名，我把重点放在"早期"和"亲笔"这两个条件。我看到上诉人当初被作为证人时的权

利告知书上的签名,以及上诉人本人提供的证据材料上的签名,这些签名是绝对否认不了的,而且当时上诉人也没有想过要改笔体。卷里还有上诉人在一个银行票据上的签名,这个银行票据也很关键,如果能够证实笔迹的同一性,那从虚构身份到获取钱款的证据就都串联起来了。这几份证据的签名,我自己先研究了一下,感觉就很相似。

为此,我再次与侦查人员沟通,要求他们再做一次笔迹鉴定,现在鉴定的范围就限定在我挑选的这几份证据,具体就限定在签名上。侦查人员还是觉得鉴定不出来,我坚持要求,不管能不能鉴定出来,再试一下。在鉴定的过程中,因为银行的票据不是原件,侦查人员又协调银行的分行借用了原件。因为票据已经归档了,由银行人员护送原件进行鉴定,鉴定完了再拿回去。在借用票据原件的过程中,还意外发现了票据的背面还有上诉人当时的背书,也就一并纳入了笔迹鉴定的范围。最终这几个关键证据均获得了笔迹的同一性鉴定,从而为最终定案奠定了基础。

所以阅卷不仅是看到问题、指出问题,也是分析问题和解决问题的过程。而庭审的压力,迫使我把卷看透,把证据补齐。这个补齐过程应该越早越好,而不是拖到第二次二审的时候再进行处理。捕诉一体的目的,就是让我们带着出庭的压力,在最佳的取证时机及早完善证据,这样也能够避免诉讼程序的延宕。

有些时候还需要我们亲自动手。我以前办过一个销售非法制造的注册商标标识的案子。侦查人员从仓库里查获了很多酒类的假商标，当时普遍就只能定未遂，因为很难查到销售记录以及下游人员。但是这个仓库既然已经经营了一段时间，不可能没有任何销售啊。带着这个疑问来阅卷，我在卷宗中也没有找到确切的证据。但是所谓的阅卷也不仅仅是阅侦查卷宗，移送的任何证据材料都是有意义的。我注意到随案移送的赃证物中，有一个笔记本，我仔细翻阅了这个笔记本，里面记录了大量的数字和文字缩写，就像一个"密码本"。仔细、反复翻阅完"密码本"，似乎能看到某种规律，有些数字像是金额，有些文字缩写经常出现，是不是有可能就是加密账本呢？但是由于手写得过于凌乱，而且内容太多，不好分析。我决定把这些混乱的数字和金额，逐页用电脑誊抄下来，利用检索的功能去探查这些数字与缩写之间的关系。但是又必须确保我的逐页誊抄与原始笔记是完全一致的，为此我在提讯的过程中，将打印出的誊写内容，与笔记本一起交给嫌疑人，供其逐页核对，逐页签字确认。然后，我根据誊写下来的内容，通过检索的方式，经过数日的"破译"工作，发现这其实就是一个账本，详细记载了销售情况。据此，我们计算出销售金额，以既遂提出指控，因为对笔记本的精确分析，被告人也当庭认罪，最终以既遂定罪量刑。

2. 阅卷的颗粒度决定了出庭的说服力，因此也是厚积薄发的过程

　　真实有着无穷的细节，只要我们尽量接近这些细节，就可以最大程度还原案件的真相，从而在法庭上也可以最大程度地增加说服力。

　　随着司法的发展，我们的取证标准和审查标准也不断提高，颗粒度也越来越细。我办的一件故意伤害致人死亡的二审案件，有一个关键的监控录像，虽然上诉人否认出现在监控，但有同案犯指证上诉人在视频中第几分几秒时出现在右上方第几排哪一个位置。这个感觉就已经很精确了，好像确凿无疑了。但是上诉人否认，我们让他自我辨认，他也说没有出现过。为了慎重起见，我们就想锁定辨认笔录里所指证的那个人，然后再有针对性地观察其动作和衣着，以便寻找其他可以佐证的证据。但是我们锁定不了，因为每一秒钟画面有 24 帧，这一秒钟画面中的人物都进行好几次排列组合了，根本无法确定同案犯指证的到底是哪一个。

　　所以，监控视频里的这一秒还是挺长的，我们原来以为很精确的证据颗粒度，还是不够细。只有让这个动态的画面停下来，也就是停在确定的一帧画面之后，把它打印下来，让辨认人在所指证的人头上圈定，并注明就是他指证的那个人才行。否则这看起来非常精确的辨认笔录就毫无意义。为此，这个辨认笔

录只能按照这种方式重新辨认。

除了辨认颗粒度，摄像头的位置也是一个问题。由于勘验笔录和现场勘验图中没有标注摄像头的位置，甚至都没有标注这个摄像头所在门店的位置，所以画面的精确位置也无法确定。但是由于时间久远，现场已经发生变化，即使再去现场也无法确认。通过与当年的预审员进行交流，我把希望寄托在案卷中的一张照片上，这是一张案发现场的纵贯照片，画面凌乱，两侧充满了电线、路灯和标牌，我尽量把眼睛贴到这张照片上，甚至用放大镜来看，也还是看不清有没有摄像头。如果真的有这个摄像头，应该会在这张照片上出现。

为此，在侦查人员的配合下，我终于找到了这张照片的电子底片。将这张电子底片在电脑上放大许多倍之后，我终于在胡同中部的厕所墙面上找到了那个摄像头。这个摄像头斜对面，正是安装摄像头的那家手机店，而现场的画面就在厕所与手机店之间的区域。从而以摄像头为原点，整个现场图才得以重构，并在其他证据辅助下，最终确定了三名被害人的分布位置。从而与重新出具的辨认笔录共同确定了上诉人的伤害行为。

如果没有这些证据作为支撑，出庭的意见将是苍白无力的。只有阅卷的实质化，才能带来法庭上的底气十足；只有阅卷的厚积，才能在法庭上薄发。

3. 阅卷要与出庭有机融合，不仅要看清楚，还要表达清楚，因此也是心口如一的过程

有些证据不是我们不想看清楚，而是真的看不清楚。前文说的那个案子，那个监控录像，即使有人指证，我们也还是看不清，同案犯能够看清，那也行。但是如果同案犯和证人也看不清呢？

我有一个二审案件，是因为酒后挪车产生纠纷后伤害致死的案件。由于双方各执一词，加上时间很短，又是酒后，难免会有记忆模糊和记忆偏差的问题。所以仅靠言辞证据就有很大的风险，而且上诉人的情绪还比较激烈，他认为自己才是真正的被害人。这个时候想要查清案情，这个并不清楚的监控录像就显得非常关键。

这是一个饭店门口的录像，纠纷的现场处在画面的远端，伤害致死现场的画面就更远了。这个监控录像，我们看了几遍之后就像没看一样，什么问题也解决不了。但是它是这个案件的钥匙啊，判断上诉人到底是受到冤枉，还是推诿责任，全靠它了。

最后，我只好采用逐步排除法。在全面审查言辞证据的基础上，确定每个人的穿着和大体动作，然后挑一些最好确定的人先对视频进行心理标定。看一遍就多认识几个人，再看一遍又多认识一两个人，然后慢慢逼近最有可能是上诉人的人，再

仔仔细细地多看两遍，以便交叉确认他的具体动作。经过大概 50 遍以上的观看后，就基本上能够识别出上诉人了。然后我再盯着这个上诉人，连贯地看他在视频里的动作，看他与其他人的交集，这样整个案情就基本上还原了。

实际上，当挪车纠纷刚开始的时候，上诉人确实与被害人发生了推搡，但上诉人推不过被害人，还被推倒了。这也是他辩称自己是被害人的原因。但是在两拨人被拉开后，事态已经平息了。平息了一会儿之后，上诉人突然又主动推打被害人，可是又打不过，眼看又要吃亏，这个时候上诉人的大哥从饭店里出来，见此情景拔刀就扎人，上诉人一边推，大哥一边扎，就把这个被害人推到了画面远端的一个柴禾垛上，这时被害人就坐在柴禾垛上不动了。大哥收刀转身要走之际，被害人竟然站起来了。这时上诉人先看到了，就把被害人再次按到柴禾垛上，并牢牢按住，以方便大哥再次扎刺，直到被害人彻底不动了。

二审开庭的时候，上诉人家属来了好多人旁听，由于上诉人坚称自己冤枉，自己才是被害人，所以旁听人员纷纷向我投来愤怒和期待的眼神——看检察官如何交代。于是我就在发表意见的时候，用画面感的语言将整个案件的过程进行了描述，从家属的眼神中，我感觉他们听进去了，等我最后说完。我能感觉到他们眼中的怒火熄灭了，他们接受了案件事实，他们知道案件虽事出有因，但自己的亲人并没有被冤枉，对伤害行为的性质也有了清楚的认识。

因为我阅卷时，看了几十遍录像才把过程弄清楚，所以开庭的时候才能从最客观的角度将案情还原并表达出来，最终形成了旁听者的认知。他们清楚的认知是建立在我坚实的认知基础之上的。这些是通过简单地播放模糊画面和宣读出庭意见所无法实现的。这是一个心口如一的过程，也是一个将心比心的过程。

　　这些阅卷工作有什么特定的方法吗？其实也没有。是庭审的不确定性，让我们"生于忧患"；是庭审的压力，在实质上起到了"苦其心志，劳其筋骨，饿其体肤……曾益其所不能"的作用。即使有些案件并没有起诉，也是因为我们基于出庭经验对庭审的预判。我们在阅卷的时候，心中都会千百次预演着出庭的现场，它是我们的沙盘。如果说阅卷是每名检察官的必修课，那出庭就是我们最好的老师。

为什么不起诉书和抗诉书不署名？

起诉书要署名，但不起诉书和抗诉书却没有署名，原因何在？

这是检察一体化的表现，不起诉决定和抗诉决定是检委会作出的，是集体决定的，所以个人无法承担责任，也就无法署上个人的名字。

实务中，很多起诉的案件也上检委会，有些检察官的意见甚至与检委会的意见恰恰相反，比如检察官拿的是不起诉的意见，而检委会最后多数意见是起诉，可是这个时候还是要署上检察官个人的名字，这就与他的意愿恰恰相反。

如果说这是集体决策的话，法院也有很多案件都要上审委会，可是这些经过集体讨论、集体决策的案件，为什么也还是要合议庭署名？实践中判决的结果也有不少与合议庭意见背道而驰的，这个时候的署名能代表什么呢？

这代表了以审判为中心，谁审理谁决定，谁决定谁负责？

但是署名的人未必是决定者，你让他负的什么责呢？

当然了，至少可以说对基础的证据和事实是要承担责任的，这在司法责任制下有明确的规定，司法官要对这些基础性的认定意见负责。但是依据同样的证据还是可以得出不同的结论，对同样的法律也会有不同的理解，即使法官对证据的引用和事实的描述没有问题，也不能保证其他人对它们的理解也没有问题。

只要案件的决定权不在法官手里，他即使署上名字也只具有形式意义。但即使只是形式意义也至少尊重了法官的知识产权吧，至少通过判决所产生的判例和经验积累，有了归宿。而且署了名字，也让人多了一份责任心，署名制既是尊重知识付出，也是质量追究制度。这就像秦砖汉瓦有时候也署名一样，为的就是出了问题后知道找谁。

署名制度其实是将声望、名誉与案件质量进行捆绑。

从更深层次来讲，就是司法官要依法独立行使司法权力，不受任何个人的干涉。从理论上和理想上来讲，就是诉诸于法律和良知，不应受到其他因素的影响。

对于署名这个问题，审判机关更加重视，这个更加重视就是以裁判文书普遍的署名制度体现的，不管后边有没有审委会，有没有司法行政化的影响，有没有不当的干涉，法律希望的是你要对得起职业的名誉，因为这是你的案件。

在这个问题上，检察机关也重视，但是因为检察一体化理论而有所弱化。虽然检察机关也强调独立行使检察权，但在理论上更多的是集体意义上的,对个人的决定权不是特别的强调。

实践的趋势是,检察机关贯彻司法责任制往往更彻底,主要是上级检察机关对下级检察机关的管理中间还隔着一个法院,比如上级纠正下级的不起诉决定,指令起诉的案件,但是法院不一定判啊。审判的终局性是检察一体化真正实现的制度性障碍,这就决定了检察系统内部的督办指导管理往往要留有余地。这种留有余地的不断累积,就为相对独立地行使检察权创造了空间。

有不少不起诉决定就是检察官自己作出的,这个不起诉决定虽然没有署名,但留下的也是检察官的烙印。不少提抗案件也不必然经过检委会,所以也不是一种集体决策过程。

这种情况不署名反倒成了问题:缺少司法质量的追踪机制,也缺少对司法知识产权的必要尊重,从而无法为其提升案件质量提供必要的激励。

这种匿名性,容易成为一种粗糙和不负责任的掩盖。如果真发生了案件质量问题,即使不署名,司法责任制的追究程序也可以追踪到相应的责任人员。但这毕竟只是一种内部的监控体系,很大程度上受到成本制约,不可能海量地审视案件。

但是一旦署名并且公开,就会受到社会公众千万双眼睛的审视,并会成为每一位检察官公开的司法档案,会不断经受众人的筛查和拷问。

这种审视和拷问,会给每位检察官带来巨大的压力,从而倒逼司法行为的公正性。

有人会说，不起诉书是终局性的权力，与起诉书这种阶段性的权力不同。由个人署名会显得不慎重、不严肃，但是如果就是由个人作出的决定，但通过不署名来掩盖这个决定过程，岂不是更不慎重、更不严肃，甚至不诚恳？

如果说不起诉书具有一定的终局性，那抗诉书并不具有相应的终局性，它只是开启下一轮审判程序而已。在这个意义上，它与起诉书具有某种相似之处，都是在表达一种意见，而不是一种结论。

当然，抗诉书还承担审判监督的职能，但这个职能是蕴含在救济功能之中的，它不能直接决定审判的结果，而只是在表达意见。即使不署名，它也是由特定检察官起草的，不管是否署名，都不能改变这一事实。

任何不署名的文书都不是凭空产生的，或者由集体意志自动产生的，都是特定检察官的特定劳动成果。

不署名就不能充分尊重特定检察官的智慧性劳动，就不能与其声望紧密相连，就不能鼓励其倾尽心力。

通过匿名性所塑造的集体性、严肃性的外观并不值得，甚至都不符合实际情况，与署名制度所发挥的荣誉激励功能和质量外部监督功能相比，是得不偿失的。

因此，从这个意义上讲，不起诉书和抗诉书也建立署名制度，这有利于进一步落实司法责任制功能，是符合司法发展趋势的。

知识产权保护的检察作为

科技创新是关系未来发展的关键变量，谁能够把握这个变量，谁就能占据主动，谁就是弄潮儿，否则谁就被动。

对世界、对任何一个大国而言，科技都具有决定性的作用。正因此，可以说科技发展关乎中华民族的伟大复兴。

在这样的背景下，知识产权保护的意义越发凸显，因为保障科技发展说到底就是保护创新。知识产权从诞生之初就被赋予了为"天才之火"添加"利益之油"的使命，就是以制度的形式保障创新，给予创新者物质利益和精神利益的双重激励，从而激发人们源源不断、孜孜不倦地投入科技创新的洪流之中。

如果巨大的付出没有回报，甚至被别人轻易窃取，并投告无门，那损失的就不仅仅是创新者个人的利益，而是作为荣誉激励体系、科技创新体系的整体利益，就会助长好逸恶劳、投机取巧的"剽窃之风"，而使真正的创造者寒心。在这样的环境下，难以实现科技的长足发展，尤其是在那些需要投入巨大人力成本和资金的高精尖领域。

知识产权的司法保护，实际上就是在保护科技创新领域的公平规则，通过司法纠正不良的风气、惩罚侵害行为，让创新者可以安心投入工作。虽然近年来法院审理的知识产权的案件逐年增多，从 2016 年到 2019 年已经达到上百万件。但是这里还是有举证成本过高、维权程序繁琐、犯罪手段隐蔽等种种问题。有些企业家抱怨，很多侵权产品都需要自己花高价买回来，再去举证维权。但是能够付出这些高额成本的企业有多少？对于这些问题，作为中立者的审判机关是难以解决的，而对此检察机关则可以发挥更大的作用。

一是成立专业办案组织，综合发挥各项检察职能，实现全链条的司法保护。2020 年 11 月，高检院成立知识产权检察办公室，整合刑事、民事、行政检察职能，推动形成检察办案监督合力，统筹加强检察机关知识产权的制度设计和研究指导，加强知识产权全方位综合性司法保护。实践中，部分地区检察机关也有知识产权的刑事检察办案组，但职能比较单一，只限于批捕、起诉职能。不能满足知识产权保护这个专业化司法领域的综合需求。知识产权领域虽然很专，但是刑事、民事、行政领域中法律的基本架构，需要应对解决的专业性问题，甚至保护的重点都是相同的，而且是高度互联的，需要的专业性人才也是高度稀缺的。不可能分散放置在多个检察领域。高检院设置知识产权检察办公室给我们最大的启示就是，四大检察并不是泾渭分明的，集中在一个点上可以综合发挥批捕、起诉、提起公益诉讼、开展民事行政法律监督等多重手段，更能有效发挥打击犯罪、保护公共利益和保护知识产权的作用。

二是整合社会资源共同为知识产权司法保护服务。有了专门化的机构，社会对知识产权司法保护的需求就容易找对门，就知道该找谁，也更容易整合公益、科研机构等社会各界力量共谋知识产权的司法保护大业。但是这个对接需要巨大的司法成本，而且需求还有一定的不确定性，没有现代化的手段，需求和供给也结合不起来。事实上，需求是海量的，只是没有挖掘出来。因此有必要通过信息化平台的方式，比如知产保护APP，通过互联网司法的方式，与现在的微信等社交网络平台，与淘宝、京东等电商平台，与天眼查等企业查询平台相对接，打通数据的接口，使个人和企业可以通过多种渠道将知识产权保护的需求或者举报线索反馈给检察机关。检察机关再整合市场管理、公安，包括公益组织在内的各种力量进行综合处理。也就是创造一个知识产权司法保护的数据中心。同时可以会同相关单位成立知识产权保护的支持基金，对困难个人和企业，以资金和法律帮助的方式支持其通过民事、行政法律手段进行自我保护。

三是通过案例库的方式不断形成知识产权的标准体系。对于知识产权一类问题到底是应该采取刑事手段还是其他司法手段，很多时候标准非常模糊。在掌握海量知识产权案件信息的基础之上，可以建立开放性的知识产权案例库，允许司法机关、研究机构、科研机构、企业、律师撰写专业的知识产权案例。对这些案例要做好分类、编辑和筛选工作，建立海量的知识产权案例查询平台，为知识产权纠纷不断建立标准，提供引导。知识产权不仅是专业性很强的领域，而且是不断飞速发展的领域，新的科技成果、科技应用日新月异，传统的指导案例发布节奏，永远落后于科技发展的节奏，有必要通过弹性化、开放性的机制，建立一种知识产权案例发布的自组织体系，从而最大限度地弥补司法保护的滞后性问题。

为什么说阅卷并不能与办案划等号？

有人说办案就是阅卷。

那为什么还要提讯嫌疑人？为什么像危险驾驶这么简单的案件不可以直接来个书面审理，而是非要开庭呢？

有些案件似乎通过阅卷就可以了解到案件的全貌了，这些案件所能涉及的证据也非常有限，感觉事实也很清楚。似乎通过阅卷就可以作出司法决定，那和犯罪嫌疑人、被告人的直接接触到底还有没有实质意义，或者说仅具有象征意义？

我刚上班的时候，批捕环节很多，那时候就是允许书面审的，也就是不用每件案件都提讯，只有那些完全拿不准的案件才要提讯。但是处长建议我们能提讯还是要提讯，不要图省事，我也要求自己每次必提，除非是空捕的案件。

因为司法实践给我们的教训是，不要轻易相信纸上记录的内容，因为那是人记录的，会有偏差、遗漏甚至是故意的扭曲。我们自己都知道，同样一个案子，换不同的书记员，记录的内容就有可能完全不一样。对于特别重要的案件，我都习惯于自己记录。

记录与记录差别大了。一见到真人就明白了，你会纳闷儿：这和案件记录呈现出来的情况怎么完全不一样啊？当然这经常会被批评为书生办案：为什么你一问就翻了？

我承认这种批评具有一定的合理性。但是更多的情况是在侦查环节受到了太多的压力，在我们这个环节才敢于吐露心声。

而且我们知道，记录的时候是不可能有闻必录的，都会挑一些我们认为重要的内容去记录，自然地舍弃了那些冗长的细节。

但是有时候那些被舍弃的细节反而是最有用的。如何分辨哪些细节是有价值的，这就考验了办案的综合能力和司法经验，这是很难归纳和总结的，非常微妙。

所以你看到的卷宗很多时候是被筛选过的，就像审查报告也是对卷宗信息的筛选一样，笔录也是对提讯信息的筛选，而每一次筛选都可能是一次背叛，都可能离真相更远。

所以卷宗看起来是原始的案件材料，但它也只是一种二手信息的汇集，这就是为什么要坚持直接言词原则的原因，也是为什么要举行庭审的原因。

卷宗是经过筛选的，必须见到真人才能放心。虽然很多简单案件，光看卷宗也会做到八九不离十，但是差之的一二，对当事人来说就是他的整个的人生。

即使阅卷可以大概其地了解案件事实，但是要想将这个案件与其他案件区别开来，要想精细化地把握刑罚的适用，包括刑罚执行方式的适用，也还是要见到真人。

而且不仅仅是以提讯的方式，还要以庭审的方式，将证据公开呈现出来，看被告人是怎样的防线，当面进行辩驳，让所有的真相尽量直接呈现出来。

提讯、开庭，这些直接的呈现，也就是与案件信息源的直接接触，将构成一种司法体验，司法官最终就是要将书面证据与直接的体验结合起来，才能形成一种内心的确信，也就是自由心证。

自由心证之所以不可名状，不可替代，就是因为这种直接的体验是不可替代的。

虽然我们还做不到与所有证人的直接接触，但是与被告人的直接接触是一种最低的公正标准，这也是司法亲历性原则的体现。

正因此，把仅仅阅卷就当作办案，不仅违背了司法亲历性原则，也违背了司法公正的最低标准。因为你在见不到真人的情况下，无法分辨证据的真伪，也无法了解到被记录者省略掉的那些案件细节。

那些细节，包括呈现这些细节的方式、情绪、表情，蕴含了大量的信息，并对案件的最终处理产生潜移默化的影响。

这就是像网友谈恋爱，不管你们在线上聊得怎么火热，为了真正地生活在一起，你们就一定得见面。但是一见面，就会发现好像完全不是那么回事儿。

仅靠卷宗了解案件事实就像网上交友一样，你对信息的掌握一定是有限的，一定是有着很大的不确定风险的。

直接交流就是降低不确定的风险，也是我们作出负责任的司法决定的必由之路。

即使是视频会议也很难完全代替面对面的交流，我们发现只有那些简单的案件才能进行远程庭审，对于那些重大复杂的案件，即使要大费周折，做很多疫情防护的工作，也还是要尽量现场开庭。

因为那种感受是不一样的，你连人都没有见到，就决定人家的重大命运，也是非常不严肃的，而且也很难让人信服。这里有仪式感的问题。

除了仪式感，我觉得这也与当面交流所形成的全身心体验有关。因为通过这种耳目全开、沉浸性的交流方式，我们可以获取更多的信息，比如眼神的信息，一般很难掩饰。这也是老师在品评学生的时候，经常要求他们看着自己的原因，因为眼神、表情、身体动作可以与语言交流相结合，从而确认信息的真伪，传递那些未尽之意，甚至可以帮助对人形成总体的评价。

这些直接细节可以成为我们识别卷宗的一套密码，如果你没有这样的体验，那你看到的卷宗信息也将是不完整的。更不要说在缺少司法责任的压力的情况下，获取案件信息的动力也不一样。

正因此，将阅卷等同于办案，抹煞了司法体验的意义，混淆了办案与行政管理的差别。因为看卷往往也只是看报告的变形，一是看得怎么样没有人监督，也没有司法责任的倒逼和出庭的检验；二是在有报告的基础上看卷，看卷往往成为看报告的辅助；三是仍然无法获得报告之外的一手信息和直接信息。

这种状态的阅卷与真正意义上的办案相去甚远，恐怕只有办案之名，而没有办案之实。

如果虚的可以得到鼓励，那实的就没人愿意干了，因为真的办案就将只剩下责任。

没有责任的"办案"又如何能够负起责任？

当谁都不愿意承担责任的时候，风险就不远了。

入额考试资格化与员额递补机制

目前，大批量入额的机会已经没有了，很多地区只剩下了为数不多的员额席位，每年经由退出机制所空出来的员额更是非常有限的。

这就导致每年符合入额条件的人很多，但真正能够入额的人却很少，从而产生年年考试、年年又入不了的折磨人状态，永无止息。

市分院的助理虽然早已符合基层院的入额条件，但又寄望于在本院入额，所以也不愿意参加年度举行的入额考试，想着等到自己想入的时候再考，但是往往到那个时候，记忆力、考试状态早已不复当年了。

普遍来说，现考现入的入额方式导致很多人要年年准备考试，陷入无止境的疲劳应试状态。由于再而衰，三而竭，考好的时候说你资历不够，资历够了的时候，反而考试没考好，就很容易阴差阳错地错过了，蹉跎人生。

为了摆脱这种困境，我提出两点建议，供有关单位参考。

1. 入额考试应该由录取考试转变为资格考试

入额考试主要是一种资格考试，不应该采取为了入额年年考的模式。对于一个人而言，只要他符合一定分数，他就具备了入额的资格。至于他能否顺利遴选入额，可以通过面试和综合评价而定。这非常类似于司法考试。通过司法考试是从事司法职业的基本资格。通过司法考试就可以担任法官、检察官和律师。即使当年没有当上，也并不意味着每年都要再考一遍，这个资格是永久有效的。工作可以再找，甚至可以中途改变职业，但都无需再重新参加司法考试。

司法考试只是证明你具备基本的法律知识素养，这个测试一次通过就可以了，就足以证明你具备资格了。

入额考试也一样，也是在证明应试者是否具备担任司法官的法律知识素养，考一次通过了，就能够证明具备资格了，没有必要年年考。即使认为这个考试内容比较简单，不如司法考试内容全面丰富，不适合终身有效，那也至少应该管个三五年。

在十多年前，那时候晋升检察员的考试就采取了这种模式，那就是考一次五年内都有效。

如果这样的话，那市分院的助理就可以在符合基层院入额条件的时候，趁着年轻就参加一次入额考试。一旦通过，至少五年内就不用再考了，可以随时考虑在基层院入额还是在市分院入额的问题。

这样，现行的入额考试就可以转变为入额资格考试＋入额申请两部分。也就是通过了入额资格考试的人，可以随时向符合条件的单位申请入额，从而避免了考试的折腾，而且可以降低考试的人数和组织考试的成本。

此外，还可以增加入额申请的灵活性，避免被入额考试捆绑。入额考试由于人数众多往往兴师动众，有时候一年可能都搞不了一场。而按照传统的入额考试的模式，不组织考试就无法申请。即使你去年考试成绩很高，在今年也是不作数的，都要重新来过。

这样，如果有员额数空出来，或者有些部门临时有需要，就无法个别化地组织入额申请，都必须要等待省级层面进行集体的组织，这就变得很耽误事。很多助理也就是因为这种相对僵化的入额模式被耽误了好几年，而用人单位也因为这种模式不能及时递补新员额而使工作捉襟见肘，这实际上是两耽误。

这很大程度上是入额考试与入额申请一体化造成的。

因此，有必要借鉴司法考试和以往检察员考试的经验，将现行的入额考试拆分成入额资格考试和入额申请两部分，在入额考试的时候不用报岗位，只要符合一定分数线就可以了。

我建议，长期来看应该采用终身有效的方式，一次通过则无需再考，当然那样的话由"两高"在全国范围内组织可能更有公正性，也方便司法人员在全国范围内的调配。

但从短期来看，还是省级层面组织的情况下，至少应该允许保留入额资格五年的有效期。

2. 在资格的基础之上，还应该建立员额递补机制

虽然入额资格考试能够解决入额资格长期有效的问题，免去重复考试的负累，但是入额年年申请也是一件麻烦事。

入额申请比较复杂，由于用额单位、部门领导的主观意见以及相应的情势是一个变化的状态，具有一定的随机性，也许这个领导能够要你，换一个领导就不要你了。

再加上原来入额考试的绑定，入额就成为惊险的多级跳跃，每一次都要把几关全过了才行，有一关没过就会前功尽弃。

这会让人没有那么安心，即使有了我刚才提出的入额资格，但是年年申请、年年面试的忐忑也同样会消磨职业进取心。

正因此，对于入额申请也应该进一步加以改造，将原来现用现招的模式改变为现时招录与递补制度相结合。

现在有空缺，当然就应该从通过入额资格考试的人员中进行遴选。即使没有空编，也还是有很多有资格的人员，每年也应该遴选一些递补人员作为员额后备，就像员额司法官的"后

备干部"一样储备起来。

这样随时有空缺就可以随时补上来，避免员额缺位递补不及时，影响司法机关正常履职。

这样，具备资格的助理能够更上一步，让他们成为预备司法官，或者员额后备，他们也会更加安心，不用老是想着哪里有编，哪个领导对我印象好这些事儿。

这种递补制度的遴选方式由于不具有现时性，与直接入额略有差别，可以在一定的辖区范围内统一进行，统一标准，统一储备。一旦进入员额候补序列，就可以随时准备上岗。在出现空缺时，应该根据后备的优先顺序、个人意愿和本人的能力特质与岗位的匹配度等因素综合判断。

一旦进入后备员额，在管理上有些内容就可以比照司法官管理，比如教育培训等内容就可以提前进行，这样使后备员额在素质能力上尽量与正式员额大体保持同步状态。

建立员额后备队伍一方面可以让长期不能入额的助理吃一颗定心丸；另一方面还可以免除常年准备考试和申请之苦，有利于安心工作。更重要的还是从整体上让员额岗位可以保证后面随时有人，保证正式岗位的稳定性，同时可以基于对员额后备的了解考察，以及对各单位、各部门的缺额情况的动态把握，实现更加契合的匹配。从而避免临时考试、临时申请所带来的选择不足、双方都勉强凑合的尴尬局面。

虽然有人会说，员额后备只是一个画饼，常年候补也一样是一种痛苦，但我们需要了解的是这种长周期以及痛苦是司法官精英化本身的产物，是改革的必然产物，我们对比应该有所预期。但我的建议是最大限度地减少这种痛苦的程度、折腾的次数和成本，在巨大的不确定性上尽量地增加一些确定性的东西吧。

检察官与助理的搭配问题

这个问题常常引起无休止的争论。

好的搭档就像好的配偶一样难以寻觅，而且他们是不能经由自由交往而结合的。其实配偶也并不都是通过自由交往而结合的，即使通过自由交往结合的，最终也未必能白头到老，离婚率如此之高就是明证，因此怨偶颇多。

从这个意义上看，也无需对搭档之间的不和谐感到特别诧异了。

即使是自由选择，就像夫妻一样，也未必和谐。更何况搭档自由选择的空间要比择偶小得多。

但和搭档在一起的时间却比较长，考虑到工作时间比业余生活的时间要长，搭档之间能够实际相处的有效时间相当可观。如果关系处理得不好，那种难受也会相当可观，而且无可逃遁。

我认识不少优秀的年轻人，他们很多时候动了"出走"

的念头就是因为分组搭配不合适，这会给他们造成相当大的困扰。

1.

搭档关系也是一种"亲密"关系，这种"亲密"性是由工作距离、接触频度和相互依赖程度决定的。

在军队和警队中这种关系是能救你命，也能要你命的关系，所以彼此之间称为战友。

在检察和审判工作当中，面对的危险性并没有那么直接，但是司法责任的危险性都是不可掉以轻心的，因此你必须能够信任站在背后的人，否则就会很累。

因此，可以说检察官和助理的关系中首要的是建立信任。

当然，很多人会将这个信任理解为信服。就是助理一定要服检察官，检察官必须技高一筹。

但在实践中，这往往是无法实现的。这里的原因很复杂。

有入额形式化的问题：将没有达到员额标准的检察官或法官遴选到员额岗位上来了，缺少岗位的基本素能。

也有的是助理非常优秀，但是迫于制度性问题，无法在分院以上入额，但又不愿意去基层院入额，结果是优秀的人才耽误在助理的岗位上，他们有时候会将对制度机制的不满宣泄到员额身上。他们认为员额不如自己。

但问题是入额的标准是符合基本条件，而不是一定要比助理强。如果你只是以自己的优秀为标准，面对员额这个队伍，那可能就没有几个人比你更强，也就是没有人能带得了你。恰巧比你优秀的员额不缺助理，也可能是不欣赏你这种锋芒毕露的性格，也可能是领导认为强弱应该适当分散，这样让各个组的实力更加均匀。这都是有可能的。

还有一种可能性，就是你并没有自己想象的那么优秀，你只是过高估计了自己的实力，这种情况是常见的，只是你的妄想程度比较严重。所以你以为自己很厉害，别人不如自己的时候，那是你没有看到别人的优势，对自己的优势过分乐观，对自己的缺点视而不见。而且你往往还听不进去别人的意见，你将自己这种不虚心的态度误认为是更优秀，没有东西可以学，其实只是一种错觉。

所以是不是在搭档中，检察官的水平一定要高于助理？我觉得这从结构上就是不可能的。

首先后浪要推前浪，年轻人接受的教育程度，知识含量，都是越来越高的。他们的精力也旺盛，观念也更新。唯一缺少的就是经验。而在经验积累到一个临界点的时候，他们的能力就会超越前辈。

这是一种代际更替的必然规律，人类社会也必然是一代更比一代强，否则就不是进化而是退化了。

年轻人赶上来之后，在整体的水平上就会超越前人，这也是他们的使命。

但是他们缺少机会，虽然年轻人很优秀，但是员额空缺越来越少了。另一方面，已经入额的人也不会马上被淘汰掉。即使有一些在岗员额的能力素质并不如未入额的助理，也不能立即要求前者退额。

因为即使有顺畅的退额机制，它的标准也一定是不能胜任工作岗位，办案质量有问题，而不是不如助理优秀。

因为所谓优秀，是一个相对的状态，上一代整体上不如下一代受教育程度高，但是并不能要求其马上集体退出职业岗位。只有到了退休年龄才能要求他们退出职业岗位，但现在退休年龄又要延长了，这就意味着他们退出岗位的时间又延后了。

这些年龄稍大，职业能力合格，但确实不够突出，也不具备太多成长性的员额，也就是老老实实、规规矩矩办案子的人，他们是大多数。

但是发展是不进则退，年轻人在加速，中年人保持匀速，年龄大的有点减速，这种速度差，必然会缩小他们之间的距离，导致年轻人的逆袭。

但是能力逆袭，岗位不见得能够逆袭，因为机会不够多。

那是否应该立即将中庸的员额马上淘汰，来个时时的比较，只要不行就给我下来？好像并没有。

我们知道，我们迟早会超越我们的父辈，但这并不意味着要马上淘汰他们。人类的寿命在延长，被年轻人赶上来之后，我们去哪呢？

立即退休，立即解雇？

2.

市场化的机制是否能做到这种残酷无情的优胜劣汰？

比如一个律师助理干得不好，我们是不是立即、马上把他开除，换上一个新的？

那也一定要看这个人"干得不好"的程度，以及我换一个新人的磨合成本，以及新人一定就会好的可能性。

有些所谓的不好，也只是一种代沟。

我们经常会抱怨年轻人不愿意加班了，没有我们那么任劳任怨了，最后你发现雇了几个人其实都一样。当然，你如果出的工资足够高，也可能雇到一个相对合适的，但是你的预算够吗？

而且还有一个问题，即使你出的工资足够高，那些特别优秀的人也会有其他选择。而他们选择的可不仅仅是眼前的工资，还包括他的成长空间和成长机会，他要学点真东西。这些你能给他吗？你在行业中的名气怎么样，实力怎么样？特别优秀的助理，你能招架得住吗？而你又能给人家什么呢？

这么看来，即使在市场化运作的律师行业，律师与助理的搭配也不是完全自由的，也是有一定条件约束的，也要看自己的实力和需求，也要看契合度。

当然，由于律师行业的节奏更快，这种搭档关系更不稳定，或者说是一种变化的关系，一开始是律师和助理的关系，但等助理拿到律师证之后，他就有了相对独立的地位。虽然心理上可能还是师徒关系，但是形式上会发生变化，更像是一种合作关系，你是合伙人，他是团队的一员。

再往后，你们可能都是合伙人，你是高级合伙人，他是初级合伙人而已，这时就更像是一种同事关系，只是管理权限不同，资源和经验不同而已。你们会相互帮助，而不仅是你教他，他只能跟着学，有时候他也会教你、帮你。

还有一种可能性，十年之后，你的徒弟成长起来了，成为你的上级，你的老板，你在给他打工，至少是更加依赖于他。

这就是一种代际更替和代际反超效应。在市场化的法则下，靠实力说话，资历和年龄不能确保地位，地位会不断被年轻人挑战。

当然，后来者的提升，并不意味着前辈们连饭都没得吃了。律师也没有实行员额制，因此并不是完全的零和博弈，而是开放性的竞争。年轻人更勤奋、更优秀，那就意味着他们的收入更高，名气更大，行业地位也会更高。

能力虽然提高了，但是并不意味着资源、人脉、经验、名望马上可以颠覆，这还需要更长时间的积累。

但是基础性的岗位还是有的，比如合伙人，即使这个所安排不了，你只要足够优秀，换一个所总还是可以实现的，甚至自己开一个所总可以了吧！

因为这是一个空的头衔，你得有案子，能打赢官司，能迎接挑战，才会让它变得有意义。

但是司法机关是完全不同的。

它的节奏更慢，入额等待时间要比律师转正长得多，很多时候要比当上合伙人的时间还要长。而且职位是有限的，不像律师行业可以壮大，从而增加发展的机会。

司法机关的编制是有限的，很多年都不会变化，根据编制所计算出的员额数量是固定的，也不会变化，并不会根据案件数量的增长而自然增长。

有的地区人口增长十倍以上，但是编制还是这么多，因为这是按照很多年前测算的常住人口计算出来的，但现在由于人口流动，实际居住人口扩张了十倍以上，案件数也成倍增加，但是编制数变不了，那员额数也就变不了。

现在，高校毕业生越来越多，在不确定的时代很多人渴望一份稳定的工作，司法机关变得越来越有吸引力。

虽然这些毕业生很优秀，但还是入不了额，比他们来得更早的人也在排队，而且名额变得越来越少。

很多人打起了存量的主意，有些年轻人也将对发展通道的不满投射到员额身上，想看看能不能加速员额的新陈代谢，让优秀的年轻人能够尽快脱颖而出。

但是经过前文的分析，这是不现实的，你不能完全按照市场化的法则来解决体制内的问题。市场化的解决方法是它可以通过将蛋糕做大的方式，让年轻人有出路，让年轻人通过实力比拼的方式分享蛋糕，而不是直接淘汰。

律师真正争夺的是客户，客户是有限的，客户是有选择权的，客户是根据法律服务的品质进行选择的。当然，这里边也有很多信息不对称的问题，也不是完全的自由竞争。

但是司法人员争夺的是职业发展机会，员额是一条职业通道，这个通道中有人的因素，比如入额时领导的意见。但是一旦获得通道之后就会获得相对的稳定性，只要不犯错误，一般也不会被退额，这与整个公务员体制的超级稳定性是一脉相承的。

3.

这就是司法机关与市场化机制的差别，它的竞争不是时时、处处的。它在一些关键环节有竞争，但竞争之后会保持稳定性。

只要不犯错就可以稳定，而不是末位淘汰，这样的结果是竞争减少，人员流动变慢，年轻人的机会变少。

但是好处就在于，它可以让已经进入通道的员额安心办案，而不必害怕被找麻烦。

因为案子办多了之后，总是会被挑出毛病来，而这种挑剔和选择又不是委托方市场的公平竞争，很多时候只是领导的喜好而已。

如果允许末位淘汰，助理优秀，你就得下去，也不问是否有法定的退额理由，就会使员额的司法行为变得不稳定，完全唯领导是从。

只要领导稍不顺心，就会说你干不了别干了，还不如小王呢。明天你别当员额了，让小王当员额，你当助理吧。

因为评判优秀的标准是难以固定的，是非常主观化的，而评判权是被高度垄断的。

这也是员额要保持稳定性的原因，这是检察官法和法官法中职业保障的基础，就是用一种超级稳定性来阻止司法行为被随意干涉，让合格的司法官可以稳定地掌握司法权，这样司法权才会具有稳定性，进而才会具有独立性。

当然，这必然会带来年轻人快速进步的阻碍，让他们不能像律师那样快速发展。但这是由两种不同法律职业的本质差异决定的。一个是公权力，一个是私权力，不可能按照一个逻辑来运行，当你选择一个行业之后，你就选择了不同的发展路线和进化法则。

这种慢节奏，尤其是相比于员额制之前，明显变慢，确实会让人有一种不适应的感觉。

那种"我优秀为什么不让我干，为什么让我屈居人下"的抱怨是有合理性的，其本质是希望以优胜劣汰的机制来要求体制的发展规则，以体制外的节奏来表达出急切的期待。

但是问题是，当优胜劣汰的节奏变慢的时候，就会在局部产生时差效应，优胜了，但是劣汰还没完成，还能用，还没到淘汰的时候。

没有及时换上更好的人的原因，就是因为那个关于谁更好的判断标准可能是有问题的，以及随时更换所带来的不安全感对司法官的独立判断是致命的威胁。

正因为我知道没有大错不能免职，我才会放心大胆、毫无畏惧地行使司法职权，才不用过分迁就他人的脸色。

所谓优秀的人，如果只会察言观色，看人拿意见，没有原则和立场，那对司法的公正没有意义。

因为司法的公正并不需要多么聪明的头脑，它更需要的是正直的良心。而正直往往并不讨喜，它经常会以不够优秀的名义被打压下去的。

所以所谓的不优秀，真实的原因只是领导不喜欢。员额制稳定的目的就是要通过稳定性来限制这种上级的主观好恶对司法权的影响。

这种稳定性作为一种制度，对所有人都是公平的，对新人也一样的公平，只要他足够优秀又足够有耐心，他有一天也会获得这种稳定性。也不会因为别人的好恶，而被轻易地淘汰。

4.

在这种节奏快速变化的时代，我们正在迎来第一批需要漫长等待的年轻司法官。从他们之后，这个节奏将慢慢固定下来，虽然漫长但速度不会发生太大的变化，这会使所有人保持相对稳定的预期。

但是面对这一代的助理，我们必须要保有足够的耐心。因为他们要忍受的不仅是长时间的等待，还有晋升速度变慢的失落感。

这是一代人的失落感，落在每个人的头上，就是实实在在的人生际遇。他们有的会哀叹命运，认为自己没赶上好时候：你看前面入额的，没有几个比我强的；有的一天业务没干过，一看入额了就从综合部门跑过来，根本不会办案子。

这是实情，这的确是一种不公正，这是利用了制度转型的空隙以及自身积累的资历势能，攫取了员额制的红利，我们没有必要隐晦。对于不能胜任的人，应该坚决予以淘汰，不能姑息。但这绝不是事实的全部。

问题是有些人真的是胜任的，至少是合格的，你看到了他从综合部门调过来，但不知道他是从什么岗位来到综合部门的。你看到的只是事情的一个侧面，他们也曾经是制度变革的牺牲者。

但只要规则公平，就没有什么是不公平的，他符合条件就可以入额，他不符合条件，不能胜任就应该退额，这没有话说。

但是他只要合格，他就有权利留任，这也是员额制的本义。

这是年轻人未必能够理解和接受的事实，他们本质上是不愿意接受自己成为晋升变慢的第一代人。

对于这一代助理，目前的员额必须要有清醒的认识，要有充分的理解。这是作为变奏者第一代的普遍性焦虑。

即使作为员额你是合格的、胜任的，也并不代表你就是优秀的，就是比助理更强的，你应该有自知之明。你只是幸运儿，赶上了制度变革的末班车。不管从哪儿上的车，反正你赶上了这趟末班车。你应该心存感激，虽然从制度层面不会轻易淘汰你，但并不意味着你就足够优秀，而是因为制度要保持一种超级稳定性，避免人为的干涉，并不是非你不可，也不是理所当然。

你要认识到助理心中的制度性困惑，同情他的遭遇，抱有最大的耐心。即使他有抱怨你也应该尽量理解，帮他舒缓情绪，因为换做是你，你也会压抑得不行。

当然，这并不是说你没有优势。其实我们知道，很多看起来不够优秀的员额，他还是有很多长处的，这就像不够优秀的父辈，他还能教你东西，比如人生阅历、司法经验、对体制的理解、人际关系网络等。

只要足够虚心，就可以学到很多东西，抱怨是不会学会任何东西的。当然看不惯也教不会你任何东西。

5.

在这种情况下，重要的是调整好心态。

我们要深刻地认识到一个道理：无论你们合作得开不开心，你们的结合都不是随意选择的结果。即使你很优秀，你也不可能想跟谁就跟谁，想要谁就要谁。

一是选择余地不够大，一个部门没几个人，可供你挑选的机会本身就不多。体制内的选择是在封闭环境中进行的，与市场上的自由选择完全不一样。而且这个封闭环境甚至都不是全院范围内的，只是部门范围内的，是一个狭小的空间。

二是要尊重历史和稳定性，已经搭配好的，只要没有矛盾一般不会轻易拆散，因为需要保持一个队伍的稳定性。因为拆掉任何一个搭配，都要进行两次重新搭配，这就会产生裂变效应，会毁掉整个组织的稳定性。一些不成熟的领导，就喜欢搭来搭去，造成人际关系的混乱，增加适应成本。所以每一次领导说对办案组进行微调的时候，人们都会战战兢兢，生怕破坏刚刚稳定下来的小环境，内心久久不能平静。

三是人员搭配并不是双向选择，而是三向选择，部门主任、主管领导也是一环，甚至是关键一环。有些时候会征求一下意见，尊重一下历史，有些时候就是直接定，实在解决不了的再调。这是因为如果纯粹双向选择的话，会产生过分集中，好的都想要，其他的就没人要了。一般不会产生两两结合的自然效果，总是需要行政命令，拉郎配的。当然，这个搭配本身也不完全是从你们两个人角度出发，而是从全局出发来进行确定的。

四是搭配思路的差异。有些领导比较开明，会尊重双方意见；有些领导独断专行，比较固执己见；有的领导喜欢强弱平均；有些领导喜欢强强联合，打造品牌。你会发现这些微观组织结构的设计充满了随意性，让人有一种不能左右自己命运的感受。所以搭配的最大问题就是偶然性。

一定要记住，你们是因为偶然性走到一起的，这与婚姻的自由选择非常不同，所以不要将搭档当成配偶，这样你就不会急迫地想要"离婚"。因为你们只是工作关系，不需要共同生育子女，共同赡养老人，形成共同财产，因此也不要那么在意。

我工作17年，带过17个助理，每个人脾气秉性都不同，合作的时间长短不一，年龄有比我大的，学历也有比我高的，但相处得都还不错，虽然亲疏远近不同，但这是正常现象。

虽然在一起的时候联系比较紧密，但是你要知道的是他们终究要离开，他们终要成长。有时甚至是你也会因为工作岗位的变化而离开，因为你自己也要成长。

不要对这段关系抱有那么高的期待，也不要对彼此有太多的奢望，愿意学就多教，不愿意学就少教，甚至不教，只要能够配合就满足了最低标准。

如果有些人比你强，你能做的就是尽量尊重，多给空间，当好朋友处也是可以的。

没必要要求必须服从，必须谁干多少，一旦计较，微妙的平衡状态就会被破坏。

所以，检察官和助理的相处，要有一种钝感力，不用太在意抱怨、牢骚和情绪，你要能够包容住这些负面情绪，你要知道这并不一定是针对你的，有的是针对这个制度本身的，有的是你也没法解决的。

因为人与人之间的关系是非常模糊的，不能要求用一条直线来划定，不是非黑即白，非此即彼的关系，它是你们彼此磨合的一条波浪线，是变动的，却是相对平衡的状态，是你们同时感觉最舒适的状态。

无论站在哪一方，多从自己身上找原因，多干一点是没错的，因为提升的能力是自己的，而不是别人的。

只要想明白这个道理，就不会有那么多的烦恼，无论你现在是否优秀，往前走总是没错的，总是技不压身的，即使你想改换职业，你现在认真地付出也是没错的，也是在给未来的职业积累财富。

你虽然很优秀，但是面对越来越窄的入额通道，跟你的员额较劲是没有意义的，你是在跟其他同样优秀的年轻助理竞争。这个比较是有意义的，也只有在这个竞争中脱颖而出，才能摆脱现状，否则不会发生任何改变。

即使可以换一个员额搭档，依然也不能解决入额问题。

当然，你可能认为换一个更好的人带我，我会进步更快一点，但是同样的道理，所有的助理都会这么想，如果大家都这么想，那这个机会也不会是你的，而是更优秀的助理的。甚至都不是最优秀的助理的，而只是一个更幸运的助理的，他只是偶然地被分配到那个岗位上，而他现在还没有动。

在频繁地更换岗位以及试图更换岗位的过程中，你会给人留下不易相处的印象，这个印象足以遮蔽你所有优秀的品质，让人产生交往恐惧。谁都不喜欢一个"特别事儿"的人。

对环境的适应能力、社交能力、情绪控制能力以及执行力都是一个人的重要品质，也是衡量你是否优秀的重要标准。

所以，与其抱怨自己的优秀没有被发现，哀叹自己的命运没有得到眷顾，不如积蓄力量，为机会去做准备。不光是提升业务能力，也是在磨炼心性，不管现在是什么岗位，面对不断变化的未来，能够抵抗风险的唯一出路就是自身的成长。

意志品质与职业成长

没有什么一帆风顺的人生，大家都是咬牙挺过来的。

小的时候，我挺爱哭。这可能跟缺少运动天赋有关，体育课始终是我的噩梦。

但是命运并不相信眼泪。小学五六年级的时候，家庭和学校接连发生一些变故。本来是最叛逆的年龄，我反而迅速成熟起来。

虽然可以通过阅读开阔视野，重塑人生观、世界观，但脚下的路还是要一步一步走，其中的困难和挫折还是需要强大的意志力来克服。

这种精神力量一方面来自于知识、观念带给我的信念，但是更直接的，还是通过对身体的磨炼所反复锤炼出的意志品质。

我本身身体底子就差，又缺少运动天赋，一提到锻炼身体我本能上是排斥的，但是理智告诉我天将降大任于斯人，必先苦其心志，劳其筋骨，饿其体肤……增益其所不能。也就是身体与意志之间是相互联系的。

意志控制行为，行为累积成习惯，习惯就能够成自然，就形成了一个良性循环。只有进入良性循环的状态，才能维持持久的动力，否则就容易松懈。

身体非常诚实，它能够非常真实地体现欲望和惯性：早上天又黑又冷，多睡一会儿多好；今天就算了吧，明天再说，也不差这么一天……这是一种本能的挣扎，这个时候往往精神也不清醒，根本也没法形成特别理智的念头来说服自己。那靠什么来驱动自己呢？

靠的就是钢铁般的意志，就是必须起来的信念，要对自己负责的信念。

这个信念每个人都会有，都知道要做对的事情，只是每个人信念的强度不同而已，能够坚持做正确事情的程度不同而已。这就是意志品质的差异。

你能够强迫自己起来，跑步、做俯卧撑、背唐诗，就自然能够强迫自己好好学习，多读书，因为这同样都是正确的事，一样要走出舒适区、克服惰性。

而且每天挣扎爬起来这件事，就积累了对自己的信誉，让自己不愿意破坏坚持已久的好习惯，虽然每天都要挣扎一番，但是当你每天都按时走上这个轨道，你的身心还是会比较舒畅和充实的，这本身也是一种点滴的回馈。直接的成效不会那么明显，但是你知道只要坚持就一定有收获，这就是一种延迟满足的信念。这种更加理性的信念，来自于你每天强化自己的理性人倾向。

意志品质除了能够让你保持良好的习惯，还能让你增强抗挫折的能力。

跑步的过程很多时候都是一种抗挫折的过程，除了挣扎着起来之外，在半路上也会从心理上进行抗争：是不是少跑一点，或者尽量不要多跑。要是跑长距离，甚至马拉松，那就更要发挥精神的力量，随时与弃赛的念头作斗争。

如果你平时跑量积累得好，平时克服的惰性多一点，赛程就会好过一点，甚至可以享受比赛。

这与我们的职业生涯是一样的。如果平时注意积累，平时多克服困难，在关键时刻就比较容易抓住机会，比较容易抵抗挫折。

不管什么样的比赛，都是与惰性的不断抗争，体现的都是一种不放弃的精神。

职业成长也一样，一方面是认准一个方向；另一方面就是要坚持下去。职业的问题有选择路线和方向的问题，但是更多的问题是容易轻易放弃，在困难面前容易屈服。

抱怨并不能解决问题，就像抱怨、哭泣也不能让你跑到终点。让你跑到终点的是意志力，是不放弃的精神，是科学、持久的训练。

谁跑步不是一路汗水而来，咬牙坚持下去的？谁的职业生涯能够不遭遇挫折、瓶颈和迷茫？

比如，入不了额，你要抱怨；入额之后，没有称心如意的岗位，你要抱怨；不能担任行政职务，你也要抱怨；担任行政职务之后，不能迅速平步青云，你还要抱怨，哪有止境？

这些抱怨有用吗？能解决问题吗？你又反思过自己吗？

你问过自己，你的终点是哪里，你在跑向何方，你为什么不能够坚持？在挫折和逆境面前，你的意志品质呢，你是一个好的运动员吗？

如果真的是体制耽误了你，那么你应该迅速离职到法律职业市场上去搏杀。市场规律，更加不会相信眼泪和哀怨，用实力说话嘛。

我跟很多在体制内工作不顺利的同行聊过，他们总是抱怨很多的不公平。我跟他们说，公平是一个相对的概念，不会有绝对的公平，也不会有绝对的不公平，否则世界如何运转？你要找到它相对公平的一面，然后抓住它。不要以为出去了就立马公平了，那也太理想化了。

但是如果你认定了现在没有机会，你也可以到外边闯一闯，但绝大部分人都不想离开。

他们其实不愿意摆脱舒适区，就像我小时候在冬天的清晨也不愿意爬起来一样，我留恋被窝中片刻的温暖，好像这一刻的温暖就是永恒的，就能够抗拒之后的寒冷。

但是现实就是你要主动挑战寒冷，要与寒冷抗争，从而激发出由内而外的热量，这要比捂在被窝里暖和，而且更让人清醒。重要的是，战胜自己的任性和不理性，会让自己更加强大，无论是身体还是意志。

在职业的困境中要么就是积蓄力量，用意志力磨炼自身，用量变累积质变，做时间的朋友。要么是果断改换赛道，只是半路出家更需要从零开始，需要更多的累积和耐心，才有可能有所成就，要付出的成本不会少，只会多，只是由于节奏不同，可能在某一阶段会快一些。

但是不管什么样的职业赛道，都不是短跑，都是一场马拉松，比的都不是冲刺，而是耐心和毅力，都需要坚持长期主义的精神，都需要意志品质来与困难相抗争。这是与自己的耐心、欲望、惰性、软弱相抗争的过程。

人最需要抗争的对象其实是自己。

只要持续做一件事，都会有所成就，这几乎是一个大概率的事件。

很多人总是高估一年的变化，而低估了十年的变化。有时候是我们看得不够远，有时候是我们中途放弃了，疲惫了，消沉了。

有不少没有入上额的读者情绪很激烈。之前，我也讲过，现在是一个成长节奏的变换期，以前是几年之内当上助理检察员都算独立办案了，也没有名额限制；现在是检察官助理当了好多年也入不了额，有名额限制，而且更加激烈，等待时间更为漫长。

这个成长周期的延长是体制性的、历史性的，也是一种不可改变的趋势，所以几乎可以说是一种命运。

如果你选择走司法官的道路，就要有这个心理准备，如果不想等就应该早点离开，而不是一味消极等待。因为抱怨、情绪化的应对并不能提升你的竞争优势，只能延长你等待的时间，到时候再离开，时间上也晚了，所有法律职业的经验都是需要长时间积累的。

如果想好要走这条路，就应该有更加积极的态度，在困境面前要有更加坚强的意志品质。你要多做事，多写东西，积累经验，成为不可或缺的种子选手，那入额和职业发展的前途自然就明朗起来，这样只会减少你等待的时间。

也就是你越是着急，就越应该沉住气，越是要干活不惜力。

你一方面担任助理的角色；一方面又挑剔工作的轻重，认为大量的工作都应该是员额完成的，谁拿的钱多谁就应该多干活，能躲活就尽量躲开。试问即使你原来是优秀的，那你现在还是优秀的吗？消极的态度能让你变得优秀起来吗？与更加努力工作，甚至超额完成任务的其他年轻助理相比，你的比较优势在哪里呢？更不要说这种性格也难以与他人建立良性合作关系了。

一般那些特别愿意计较的人，往往会越来越能计较，在自己当助理的时候挑剔工作的人，当上员额之后，就成了愿意甩活的人。这种人抱怨的不是员额这个工作岗位，只是抱怨自己想要一个甩手掌柜的职位而求之不得。

也即，那些任劳任怨的助理，也往往会成为一个任劳任怨的员额，因为他看到的不是一份不干活的权利，而是干活然后得到成长的机会。

当你把工作当作机会，当你一次又一次克服自己的惰性，磨炼自己的心性的时候，你的成长就会比别人快，收获就会比别人大，也就没什么可奇怪的了。

当然，讨论这些并不意味司法责任制就不需要改进了，员额就不需要退出机制了，这些都是需要不断完善的。

但即使这些都完善了，多出来的机会也一样是等待那些更加乐观、更加有韧劲、更加踏实肯干的人的，与不断抱怨、消极应付的人依然没有什么关系。

案例与库

　　我曾经多次倡导构建包罗万象的案例库。现在有关部门也在积极策划各类案例库。

　　但是我觉得案例与库是一个本与末的关系，不能倒置。

　　也就是首先要有案例，案例多了才能成为库，库是一种包容案例的容器、平台，以及管理案例的机制。但即使有了容器，案例也不会自动产生，就像有了水库但没有水的话，也只是一个大坑而已。

　　现在营建案例库颇费时间，分门别类、各有各库，迟迟不能产生容器机能，反而因限制数量、类型、标准，抑制了案例的产出。

　　案例的本质是司法官办理案件的结晶，它是司法经验的总结和提炼，这需要费额外的功夫，不属于办理案件的刚需。如果没有激励，大家是不愿意去费这个劲的。现在指导案例机制固然是好的，但是量太少，一省一市很难建上一个两个，对于一个普通地域的多数司法官而言，他们并不经手影响全国的大案、新类型案件，难有创造先例的机会。

这也是我之前呼吁建立案例库的原因，就是沧海不择细流，要兼容并包，才能成江海，才能成为真正的库。

案例库就是有容乃大。

因此建库的目的主要是并包，而不是排斥和苛求，否则那还是指导案例，只是点而不是库。

库是否需要有形？有形固然好，有专业的平台来收纳，有专门的人员来管理维护，这有利于案例的整理和检索。

但首先是要有案例可供整理和检索，如果有了库而没有案例，那就是一个空库，或者为了建库而抑制案例的撰写，那就成了案例的堤坝，还不是库。

我认为库的形式是次要的，兼容并包的精神才是核心，也就是写出来差不多就能发。有地方发，才是最重要的。

我有一个感觉，就是写出一篇东西如果不发出来，就没有心情写下一篇。比如原来给纸媒投稿，一投再投，一写再写，但是都是如泥牛入海，渺无音讯，时间一长就没了信心。原来有的一些信心和毅力，也会被那无底洞一样的冷漠所消磨掉，从而产生一种自我怀疑：是不是我就不是这块料？不要再浪费时间了，也就很容易放弃创作。

我想写案例也是一样的，本来办案就很忙很辛苦，好不容易鼓起勇气写了一篇案例，但是还发不了，甚至没有人告诉你为什么发不了。那你还有没有勇气再写一篇，再一直这样无望地写下去？

人最怕的就是看不到希望。

所以对案例的并包，让案例能够尽快发出来，才是对司法官实实在在的激励，才是激发他再写案例的内生动力，这是案例最基本的内容产出机制。而不是有了高大上、专业化的案例库，就自动会有海量的案例涌进来。

即使开始有海量的案例涌进来，如果都无情地过滤掉，甚至毫无反馈，只是留下数量极为有限的"精华"案例入库，那其他被淘汰下来的大多数案例的承办人，就会以为自己的案例是"糟粕"而受到挫伤，我们还怎么指望案例下一次也海量地涌进来？

关键不在于库，而在于容积太小、标准过高无法成为案例之海。过高的标准，过于主观的评判标准，未必能够发现真正的案例金子，那些被淘汰掉的案例未必就一定没有价值，它们只是没有发光的机会而已。

进化论的最大启示就是进化是没有方向性的。

我们无法准确地判断哪个案例就一定没有价值。我们需要普遍性地给它们机会，由法律共同体这个市场来检验这些案例到底有没有价值。看点击率、引用率、反馈率，这些更为硬性的指标，才更有说服力。

所以我强烈建议在案例库的建设上，不要过于限制案例的入选标准，而应该设立一些基础性的标准，比如有生效判决，满足必要的格式要求，没有负面的舆论评价，就可以入选。

应该敞开口来入选，不应对案例报送进行数量限制。

在案例库的建设上，也没有必要对功能过于求全，以至于迟迟没有一个基本的容器，只要满足基本的编辑需求就可以上线，应该在实践中进行摸索和完善。

同时也不宜过于强调分类，我们能够想到的分类是非常有限的，这种"能想到的分类"会限定案例中有最有创造性的内容。很多时候，最有价值的案例反而是"四不像"的那种，哪个分类都不靠，但可能最有价值。

我们只要设计最基本的分类标签，比如刑事、民事、行政、公益诉讼等就可以满足需要，至于可能产生的二级分类，可以由司法官自己进行创建，可以采用类似于关键词的设置。只不过这个二级分类设立之后，其他司法官也可以沿用，这就可以在实践中无限生成新的分类，使案例知识树持续处于生长状态。

也就是说案例库应该采取自组织的模式。真正庞大的东西，常常超越了人类可以驾驭的能力。比如数据库，维基百科，气候，海洋，市场，等等。

因为庞大，所以变量极多，使人类几乎无法驾驭，就比如远期天气预报就很难完成。

案例也一样，搜集几十个几百个是容易的，但是如果要达到上千万个、上亿个案例的规模呢，又有谁能够完成？反过来说，如果没有那么多案例，那还能叫库吗？

因此，这个库必须形成自我组织管理的机制。比如，发布行为应该由司法官自行完成，是否满足条件应该由人工智能自动审核，就像公众号一样，否则根本管不过来。极特殊的情况可以由人工辅助审核，哪些需要人工审核也是由机器自动判断的。分类也应该由用户自行决定。

说到排列整理，这也应该由算法自动完成，可以设定一定的标准，比如依据点击率、发布时间、发布类型、评论数、好评数，等等。人工可以调整这些算法，只是一般不去干预基础性工作，因为干预不过来。

人的管理应该退居于幕后，而且主要是对算法的管理，也就是间接管理。

只是在极特殊的情况下，在算法力所不及的地方，比如要前瞻性地鼓励一些案例类型，比如正当防卫、自洗钱等案例，可以单独设立案例板块和首页突出位置，以引导司法官创作这样的案例。为了创作这样的案例，在实务中就要办这样的案件，实际上就是通过案例的形式引导了司法的走向。

这也类似于网购平台，内容分发平台的运行模式，基本来说就是人工＋智能的方式。

也就是基础工作由人工智能完成，人只是负责维护算法并弥补算法的不足，也可以说是我们在配合算法进行管理。

我多次提到了算法，是不是这个库就很复杂？其实一点也不复杂，这是最基本的数学逻辑，在现在网络平台建设非常成熟的情况下，这是很容易实现的。

而且系统是死的，人是活的。

只有人的开放，才能实现系统开放；只有人的并包，才能实现系统的并包。

因此，在案例库的建设上，主要还是要解放思想，要以包容的心态来看待案例。不要把案例看得过于高大上而求全责备，从而导致案例生成机制的阻断。

你可以这样想，即使一个案例没有成为全国指导性案例，而只是被纳入这个库里，也不确定有几个人检索和阅读，但这对司法官而言的确是一种激励。正因为其他不特定的人可以看见，司法官在日常的办案过程中也会更加谨慎和用心，以期能够源源不断地将自己的办案实践转化为案例库中的案例。并期待更多的法律人能够看见，能够给予认可，甚至推广。

在这样的情况下，他的办案是不是就会比别人更用心一点？他写的越多就会越用心，否则他就写不出来，或者怕写出来被人笑话。因为这些点滴的荣誉感的牵引，他就更有可能成长进步了。

这样的司法官如果多了，那法治从整体上不就得到了进步了吗？

如果有上百万上千万的案件能够被写成案例，至少可以相对确定这些案件质量比较能够经得住考验。

有问题的案件敢写出来接受品评吗？敢于接受品评就是一种进步，而且写出来本身就是一种总结和收获，这种进步是必然的。这种公开发布的方式，不也是一种以他律来倒逼自律的机制吗？

由点击率、好评率、引用率、转发率确定排名等机制，使案例与案例之间，司法官与司法官之间建立了一种竞争机制。大家不是比考试成绩，比的是实实在在的办案能力，比的是案件质量本身，这就形成了一种良性的竞争态势，通过比学赶帮超从而产生自我发展、自我迭代的效果。

通过互联网技术，可以最大限度地消除地域性的、层级性的、资历性的差异，让每个人都有展露司法才华的机会。这样，即使是年轻人，即使是偏远地区，即使是普通案件，也未必不能创造出优秀的司法经验。关键是要有足够公平、足够多的机会，让每一个人都有发光的机会。

让每一个人都能够尝到撰写案例、发表案例的甜头，才可能有千百个司法官源源不断地付出。这需要徙木立信。

机会公平才是最大的公平，也是最大的激励。让每一个愿意积累司法经验的司法官都有地方可以发表案例，才会有包罗万象之案例库，才会有司法的加快进步和持续发展。

法科生可以成为法律帮助的新生力量

前几天，与法大的同学做交流，听他们说很希望担任法律帮助律师的助手，做一些辅助阅卷的工作，法大的老师也非常赞同和支持。我被同学们的热情和创造力所感染，我也认为这是解决当下法律帮助律师人手不够，有效性和积极性不高的好办法。这也可以让法科生有比较真切的司法实践体会，可以说是一个一举多得的好办法。

但现在的问题是这么做没有规范性的依据，有必要先在制度层面作一番探讨。

1. 大学生到底行不行？

首先，现在法律帮助律师总体上不够用，尤其是偏远地区。即使在中心城市的郊区县，也会存在律师数量紧张的问题。法律资源总体上还是集中在中心城市的中心地区，存在严重的分布不平衡现象。其次，法律帮助这个活儿是政府出资购买的法律服务，资金有限、薪酬微薄，与市场化的、高昂的律师资费相比，有点像做贡献了。这就导致了律师投入工作的意愿不够强烈，也不愿意多付出时间和精力去做大量的准备工作。

所以即使阅卷保障提高了，律师阅卷的意愿也不够强烈。而且由于阅卷要占用很多时间，实际上就相当于在值班日之前就开始值班了，这就必然会挤占值班律师自己办案的时间。但是如果不认真阅卷，不全面了解案情，又怎么能够有效保障嫌疑人、被告人的合法权益？

很多人呼吁提高法律帮助律师帮助的有效性，但关键就在上面提到的这些矛盾。有效性的发挥必然以消耗大量的时间精力为代价，这就已经超越了其值班的时间，更不要说劳动报酬与付出不成正比了。

归根结底，还是法律帮助的内生性动力不足。

目前，最新的想法就是把即将退休的司法官纳入这个队伍中来，这也是一个好办法。但是这个队伍的数量仍然非常有限，而且退休的司法官办过刑事案件的也非常有限，并且还有个人意愿的问题，即使有人能够加入进来，占到的法律帮助队伍的份额也仍然非常有限。

这样，法律帮助律师没时间阅卷，不愿意耗费时间来阅卷的境况就仍然无法得到解决。

而法科生可以在这方面有所作为。

法科生有几个方面的优势：一是年轻有热情，渴望从实践中学习；二是受过系统的法学教育，具备辅助法律帮助的基本知识储备；三是对报酬不计较，这就相当于实习（很多单位对实习生都是不给钱的），从而极大地降低了法律帮助的劳动力成本。

所以法科生是有能力提供法律帮助的，尤其是只是阅卷这种辅助性的工作，这非常类似于在司法机关的实习生帮忙办案子，也没有什么不能胜任的。其实毕业后加入司法机关的年轻人，也不比这些实习生多多少法律知识。

当然也不是所有人都胜任，也还是需要一个选拔性的机制。

2. 什么样的大学生可以？

虽然说法科生可以，但并不意味着所有法科生，所有年级的学生都可以。

比如大一新生，有的连刑法刑事诉讼法都没有学呢，让他们辅助法律帮助工作，恐怕会帮倒忙，所以必须要对知识储备有一定的要求。

一提到知识储备，那如果通过法律职业资格统一考试应该是没问题了。未必非要通过律师见习期，因为这并不是要求他们担任律师，而只是法律帮助律师的助手，因此应该在入门条件上有所降低。

但是根据现在最新的规定，本科在校生是不能参加法律职业资格考试的，这就意味着将法学本科生排除在外，就只剩下研究生了，这个队伍的规模就小了很多。而且研究生学制短，法考、论文、就业的压力很大，真正能够腾出来做公益的时间比较少。

真正有意愿、有兴趣的人还是本科生，只要他们学过刑法、刑诉法，掌握了一些基本知识，就可以提供初步的阅卷辅助工作。而且能够从实践中学习，将刚刚学到的知识用起来，也是一件非常兴奋的事，尤其法律知识还是一门实践性非常强的学科，只有在实践中学习才能更有体会。

近些年来各个法学院都在尝试的法律诊所、案例教学法，都带有很强的虚拟性。而且直接看真实的卷宗，直接提出可以对案件产生影响的意见，才会带来实践法学的真实感。

从这个意义上来说，本科生才是真正的主力军。

为此，我建议设置一个随机性的问答题库，有意愿的法科生可以随时报名，只要通过了这个法律知识测试，并得到本校的推荐，就可以获得法律帮助律师助手的资格。通过法律职业资格考试的人，可以免于测试，直接提交本校推荐即可。

对于这些符合资格的法律帮助律师助手，可以由法律援助机构，根据其本人意愿就近安排法律帮助律师助手工作。

3. 大学生具体能干什么？

法律帮助律师助手的主要工作就是审阅卷宗，并向法律帮助律师提供基本的案件审查报告。助手最核心的工作就是将阅卷的成果以报告的方式体现出来，并就是否有罪，事实问题和法律问题提出综合性的判断，制作尽量详尽的分析报告。

必要时法律帮助律师可以带领法律帮助律师助手参加量刑协商、签署具结书等环节，共同开展法律帮助工作。

虽然这些都是辅助性的工作，但还是会通过法律帮助律师的工作间接影响到司法机关的处理决定和当事人的命运。

因此，作为法律帮助律师助手的大学生，也可能要承担法律责任。如果本案被定性为冤假错案，而法律帮助律师助手没看出来，甚至提供了错误的意见，误导了法律帮助律师，是否要承担法律责任？是否要被剥夺法律帮助律师助手的资格？是否要给相应的处分？

这个事情要非常慎重，但是完全没有责任恐怕也不行，因此应该配套制定相应的管理办法，对法律帮助律师助手的行为予以规范。

作为能够影响人的自由、名誉甚至生命的法律工作，责任意识是首位的。在完全不用负责任的情况下，法律帮助工作的质量就无法保障。

在责任明确之后，权利也应当予以明确，对法律帮助律师助手的阅卷，辅助会见、协商的工作，司法机关应当积极予以配合。

既然是法律帮助的辅助，又主要是阅卷的辅助，那大学生必然要与律师有配合和互动。对此，我认为如果让法科生有一名相对固定的律师搭档，效果可能更好一些，包括一些阅卷的经验，法律实务的基本经验，都可以有一个传授的过程，有利于法科生迅速进入角色。

虽然现在很多大学都有法学院系，但是大部分仍然分布在大中城市，在城市中开展这项工作自然容易一点。这样的话，边远地区法律人力资源缺乏的问题还是无法解决。

对此，我有三个建议：一是鼓励大学生在假期回乡开展法律帮助的辅助工作；二是设立类似于支教似的支援制度，为使法科生获得相应的就业鼓励机制，具体方式可以参考支教机制，可以将其称为法律帮助支援工作；三是远程提供阅卷辅助工作，利用信息化手段，通过网络查阅电子卷宗，并根据法律援助机关的安排，向各地提供远程的法律帮助的辅助工作。

这种法律帮助的辅助，是法科生深入法律实践的绝佳渠道，在实践中最容易获得成长，也是法科生服务社会的公益渠道。他们也会为法律帮助律师提供极为实质的帮助，从而在一定程度上解决了法律帮助有效性不足的问题，为司法公正和人权保障发挥了直接的作用。

对于法科生在这些工作中的履历，司法机关在人员招录时应该予以重点考察，在法律帮助中表现突出的，在招录时应该予以重点考虑。

　　随着法治的不断发展，法律服务供给的增长已经远远无法满足法律服务需求的快速增长。由于法律职业考试的难度不断加大，真正能够进入这个市场的难度也越来越大。但另一层面，生龙活虎、求知若渴的法科大学生对实践的需求却处于嗷嗷待哺的状态。

　　随着认罪认罚工作的普及，法律帮助的需求极度扩张，这也恰好给理论与实践之间提供了一个历史性的契机，让法科生正式成为一种辅助性的力量，提前投入"战场"，在实践中摔打锻炼，又经由他们的热情和朴素的正义感，来帮助维护和保障司法公正，并通过课堂与实践的链接，改变传统意义上的法学教育的方法，加重实践分量，而且是真的实践。

　　希望法科生可以在法律服务这条道路上，真正发挥预备队和生力军的作用，并实现法学教育的知行合一。

办案是看不会的

办案得上手，光看是看不会的。

记得好几年以前，我去医院拔智齿。当时拔得时间还挺长的，而且还特别疼。后来我一看，不是给我看牙的大夫拔的，而是一个实习医生拔的。这不是拿我练手吗，我当时还真有点生气。

但是我转念一想，实习医生如果永远不拔牙，那什么时候才能学会拔牙呢？难道只是看着吗？看着是学不会的。

因为医学是一门实践性很强的科学。

司法也一样。你如果不去办案，光是看别人怎么办案，那你就永远也学不会。

有人说，我看了一个案子；我给下级院指导了；我看了他的审查报告；我给他提了点意见；我在他的专报基础上进行修改，把它改成了自己的专报。然后就把这些案子当作自己"办"的案子。

但这并不是"办"，这只是"看"。

你看了审查报告，但是你并不知道它是怎么写出来的。你甚至也可能看了电子卷宗，但因为没有司法责任制的压力，也无法确保你足够用心。因为你并不需要对每一个细节都进行推敲，你不需要从无到有地建构事实、取舍证据，深入这些证据的骨髓。你不需要在办不好就要承担责任、不完善好证据在法庭上就有可能被吊打的压力下，深入地梳理证据，亲历性地与嫌疑人接触，补充证据体系，分析其中的问题并得出最终的结果。

之所以将这些行为模式称之为"办"，主要是因为其中的建构性和创造性。

除此之外，对这种建构和创造行为的品评、指导，都只是"看"。

这是拔牙与看别人拔牙的区别，这个过程中，手上的力道是无法描述的，唯有直接的操作者才能体会。办案也是如此。在办的过程中如何得出心证也同样需要对"力道"和"火候"的把握，非亲身亲力而为不足以了解。这就是"办"的意义。

"办"所要耗费精力要比"看"大得多。比如为了出庭，我对一个监控录像要看100遍，而你为了评价我的办案，可能只会看一遍，或者不看也没有人提出质疑。因为没有人会对你提出质疑，只有你有权质疑别人。

"看"之所以没有压力，就在于它不被监督、审视和质疑，甚至都不用承担责任。如果最后结果不好，他可以推说，案件的基础工作没做好；但是如果效果好，他会说他指导得有力。

对于他的指导，不会有人再去品评和审视，他无需接受辩方的辩驳和法庭的质疑。因为他在暗处，因为他不受司法责任制的追究，也就没有了战战兢兢、如履薄冰的压力，更无需亲身承担建构事实证据的基础性工作。正因为无法躬身入局，也就无法增长实践性的能力。

　　看了很多次拔牙，都不如自己拔一次。开车也一样，一定要有路考，光看书是开不了车的，坐了副驾驶看，也不是开车。必须将方向盘交由你手，你才能真正学会驾驶。

　　但是"办"要比"看"辛苦得多，这个道理，"看"的人是知道的，只是不愿意付出这份辛苦，才要躲到"看"的背后，装作是在"办"。

　　这一点，对于助理也是成立的。

　　有不少助理抱怨员额是挂名的，一方面反映了部分员额"尸位素餐"的真实情况；另一方面也反映了部分助理躲在"看"的舒适区的真实情况。

　　如果医生把牙都拔了，那实习医生什么时候才能学会拔牙？如果实习医生只是在旁边看着、递工具，他什么时候才能够真正独立执业？

　　这个最直接的能力和经验，就是在干中体会的。有人说我不教授写作的方法，但是你如果不写，而只是看，那是永远学不会的。如果总是我在写，而你只在旁边递工具、打下手，你也不可能学会写作。

如果只是满足于"看"，而不去"干"最核心的办案工作，好像是满足了你作为辅助人员的辅助状态，但也就永远无法培养你的独立性。

　　这个"干"，很多时候就使得员额成了甩手掌柜，似乎得到了一丝轻闲。但也唯有如此，才能让助理真正体会到办案的精髓，体会到办案的"力道"和"火候"。

　　不是看别人的审查报告，把它当作自己办的案子，而是尽量做好所有办案的基础性工作。不懂就问，干完整活，独立拿出意见，然后让师父来把关，接受师父的指点。在干中学，才可能有真正的进步。

　　不是把办案当作负担，而是将办案当作自己可以获得独立锻炼的机会，就像能够摸到车的新手司机，就像可以用钳子拔到牙的实习医生，应该有一种跃跃欲试的感觉，而不是抱怨：什么活都让我干，你干什么？

　　我自己干当然更快啊，比看着你干快多了。而且看着你干我还不十分放心呢，都不够操心的。有时候带徒弟，指导他打报告改八回，讲破嘴皮子，想着还不如我自己干了。但是一想，他总要成长吧，还是得保有耐心。但这只有在他能够领会其中的意义时，才有效。如果他认为这是我在推活、躲活，然后他消极怠工，那他是不可能有进步的，对案件进度和质量也会有影响。这个时候，还真就不如自己办了。

　　但现在却有一种现象，那就是有些年轻人的抗挫折能力不够强。不能说，一说就撂挑子。或者抱怨自己不得志，没有机会入额，屈居人下，不愿意给别人干，老想等自己独立的时候再好好干。但是如果你现在都不愿意在"干"中学，又怎么可能学到真的东西？

他们误以为让他们"办"案，或者以他们为主"办"，就是检察官犯懒，就扣上一个挂名办案的帽子。于是，自己逃避在"干"中学，反而获得了一种道义的优势。我并不完全否认实践中存在挂名办案的情况，但一个优秀助理渐入佳境的过程，就是让检察官逐渐显得像"挂名办案"的过程。也就是越来越不用师父操心了，非必要一般不用问师父，只有在特殊情况下需要指点的时候，才过来请求指点。这个师父是享福了，但是这个徒弟也得到锻炼了，他离独立办案只是一步之遥。

这才是一种双赢的状态：既锻炼了年轻的助理，也让资深的员额有时间思考复杂的问题，甚至进行经验的总结。这对司法经验的代际传承也具有重要意义。

如果总是把员额忙忙得团团转，不仅是他自身传帮带的作用不能得到充分发挥，尤其可惜的是，年轻人将失去在实践中摸爬滚打的机会。日后，年轻人之间的区别就在于谁能够更充分利用好实践，在"干"中学。

看十遍，不如干一遍。勤于实践才能学到真知，才能获得法律职业道路上的进化优势，也才能走得更远。

办案就是一个字，"干"就完了。

后　记

　　与司法观不同，正义感是大众性的，是每个人对正义的态度和认识。

　　记得小的时候，老人常常告诫小孩：看到街上偷东西的，不要喊，会被人捅一刀。当然，这是在保护孩子，但也在传达一种观念：明哲保身是安全的，主持正义是有危险的，尤其是对小孩子而言就更加有危险。现在，我们的观念有了很大的变化，我们对孩子的教育也不同了。但似乎又没有什么大的不同，我经常在文章里写了实话，很多读者都会评论，说只敢看，甚至没有转发的勇气；明明留了言，却告诉我一定不要精选出来。他们心中还是有一种怕，他们头上有一把无形的刀子，看不见，却真实存在，让他们不敢做自己认为正确的事情。也就是他们心中的正义观念不敢付诸实现，甚至都不敢说出来，更不要说做出来。而这些人恰恰就是主持正义的职业群体，如果他们都不敢主持正义的话，那么正义又由谁来主持呢？因此，我觉得很有必要讨论一下正义感的形成机理和脉络的问题，看看到底是哪里出了问题，让人们在有时候失去了主持正义的勇气，尤其是让司法官失去了这份勇气，以及，怎么才能让他们重拾这份勇气。

本书的创作一如既往地得到了家人和朋友的默默支持，"刘哲说法"的读者也给了我很多的鼓励和反馈，从他们的反馈中我也体会着司法的趋势。

我还要感谢清华大学出版社刘晶编辑以及其他工作人员的持续付出，他们出版系列书籍也是有着一份毅力和勇气的，向他们致敬！

2021 年岁末
于西直门